**BEI DRUCKVERLUST ÖFFNET SICH
EINE KLAPPE UNTER IHNEN**

Renate Rössel

BEI DRUCKVERLUST ÖFFNET SICH EINE KLAPPE UNTER IHNEN

Flugbegleiterin
Eine ~~Saftschubse~~ teilt aus

SCHWARZKOPF & SCHWARZKOPF

INHALT

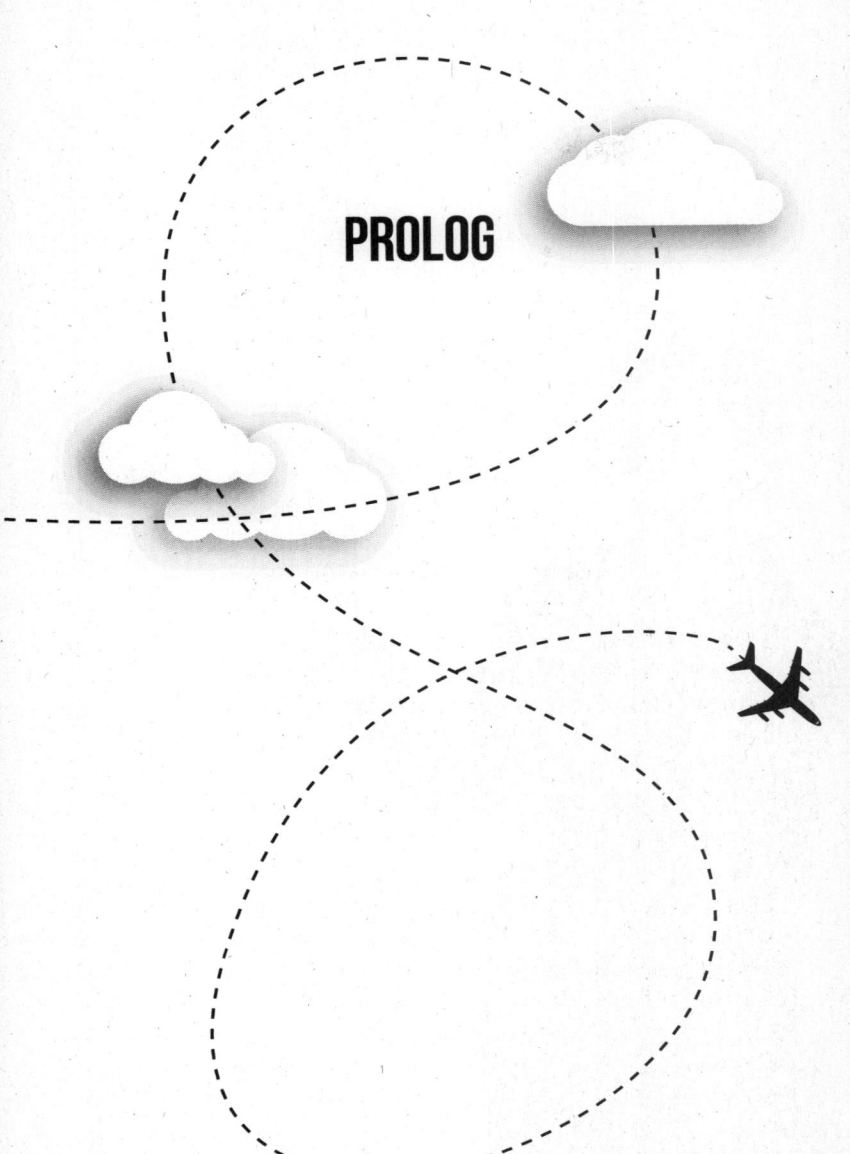

PROLOG

Mein Start ins Leben fing eher auf einer Außenposition an. Ganz weit weg vom Hauptterminal. In einem Kinderheim auf Norderney, wo einem die Möwen aufn Schulranzen schissen und es nach Fisch stank. Danach wurde ich durch drei Pflegefamilien gereicht, die allesamt nicht glücklich mit mir wurden und ich auch nicht mit ihnen. Ich brachte es einfach nicht fertig, das kleine brave Mädchen zu sein, das sich alle so sehr wünschten. Als ich mit 18 endlich tun und lassen konnte, was ich wollte, zog ich nach Berlin-Kreuzberg, SO 36, und bereicherte erst mal als Punk die Szene. Meine weiße Ratte Rudi war mein bester Freund, ansonsten hielt ich meine Schotten dicht.

Im Blue Note, einem der frühen Clubs in Berlin, fand ich meinen ersten Job. Ich stand mir hinter der Bar die Füße platt und wusch Gläser ab, aber alle liebten mich, weil ich eben immer der Kasperkopp war. Das hat mich dann total hochgebeamt. Und plötzlich ging, wie bei einem Adventskalender, ein Türchen nach dem anderen für mich auf:

Eines war, dass ich plötzlich einen süßen Typ am Haken hatte, ein anderes, dass mir ein verrückter Engländer übern Weg lief, der einen fetten Learjet in Tempelhof aufm Parkplatz hatte und eine Kellnerin mit Schnauze suchte. Da war er bei mir natürlich an der richtigen Adresse. Statt grüner Punkfrisur verpasste mir meine Freundin Susi einen blonden Pagenschnitt und statt Wollstrumpfhosen mit Löchern trug ich feine Nylons zu einer schicken Uniform. Kam mir vor, als wäre ich zum zweiten Mal geboren worden. So fing alles an.

Als die Mauer fiel, kaufte der Engländer eine Boeing für Charterflüge ans Mittelmeer dazu und später eine Challenger für Geschäftsreisende in die Hauptstädte Europas. Von Anfang an liebte ich den Kerosingeruch und das unregelmäßige Leben. Mal hier, mal dort. Mal früh, mal spät auf den Beinen. Und man konnte sich darauf verlassen, dass immer was schiefging. Für mich als Weltmeisterin im Überleben genau die richtige Aufgabe. Nach ein paar Jahren ging der Thomy leider pleite und ich »off shore«. Von da an hatte ich nur noch die dicken Babys unter den Füßen. Wenn Sie jetzt aber glauben, ich habe die ganze Welt und ihre Wunder gesehen – weit gefehlt.

Was ich aber zuhauf erlebt habe, waren Situationen, die sich kaum ein Mensch vorstellen kann, der nicht in diesem Job arbeitet. Ich habe einige davon für Sie aufgeschrieben. Dabei war ich vielleicht nicht immer politisch korrekt, aber glauben Sie mir, es war mir eine innere Genugtuung, einmal nicht die Fassade aufrecht erhalten zu müssen, nicht alles mit einem Lächeln abzutun. Trotzdem bin ich natürlich weder eine Menschen- noch eine Kinder- oder Tierfeindin, ganz im Gegenteil. Ich glaube, sonst hätte ich das nicht 30 Jahre durchgehalten. Legen Sie also bitte nicht alles, was hier geschrieben steht, auf die Goldwaage, sondern haben Sie einfach nur ihren Spaß.

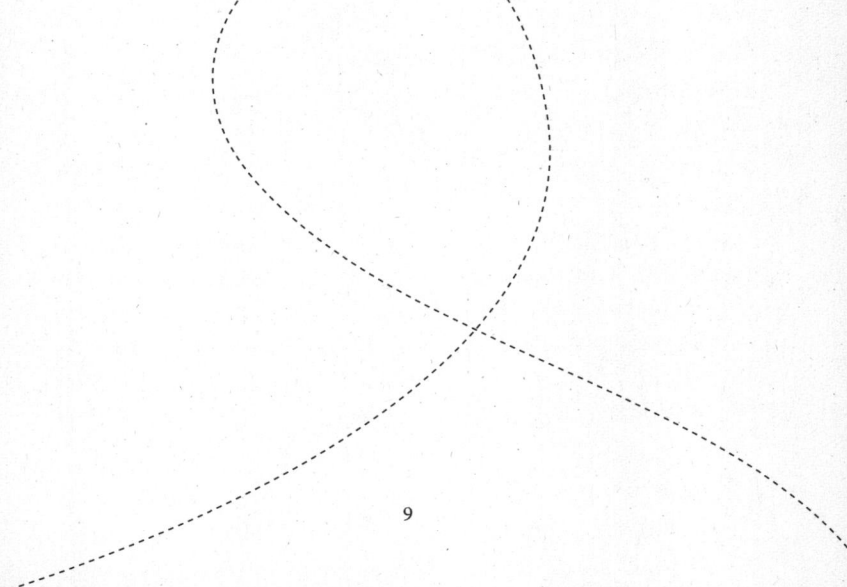

1
AUF DEN HUND GEKOMMEN

Ganz am Anfang meiner Fluglaufbahn war es noch üblich, dass wir »Düsen« bei der Passagierabfertigung ein dreiwöchiges Praktikum am Boden ablegen mussten. Da bekam man zum Beispiel von einer Altdüse beigebracht, wie Passagiere am Counter eingecheckt wurden. Meistens stand ich allerdings nur blöd daneben und musste totale Schwachsinnsaufgaben verrichten: Bag Tags auswechseln oder alte Tags abreißen und neue an den Gepäckstücken befestigen, was meist dazu führte, dass die Klebeseite an Strümpfen und Schuhen hängen blieb und ich später ahnungslos damit durch die Gegend rannte.

So war ich eigentlich ganz froh, als ich über Walkie-Talkie von meinem Chef zum Bundesgrenzschutz zitiert wurde und dem ewig gleichen Gejammer wegen zu viel Übergepäck und dem ständigen Geheule um einen Fensterplatz entfliehen konnte.

Ich quetschte mich also an endlosen Passagierschlangen vorbei, quer durch den architektonisch gut durchdachten TXL (Berlin-Tegel) zum Zoll, wo mich schon einer dieser typischen Dickis mit Weizenwampe erwartungsvoll angrinste.

»Sind Sie vom Check-in?«

Ich nickte ergeben.

Er deutete auf eine Hundebox: »Kieken Se mal, der Köter muss sicher mal pullern. Der steht da schon über 'ne Stunde.«

Prima, da komm ich wenigstens an die frische Luft, dachte ich erfreut.

»Die Besitzerin hatte ein Gesundheitsproblem. Die is in Amsterdam umjekippt und der Hund war schon durchjechekt. Jetzt jehts ihr aber schon besser und sie kommt mit dem Fliescher um 17.35 Uhr«, erklärte er mir in breitem Berlinerisch.

»So lang hält das ja keiner durch«, machte ich einen auf verständnisvoll.

Er grinste breit. »Ick mach jetzt auch ma 'ne Pause, muss unbedingt wat essen. Mir hängt der Magen schon auf halb acht. Machen Se schon ma hinne.«

Dicki wälzte sich also aus dem Büro und ich ging trotz superengen Uniformrocks in die Knie, um das Köterchen aus der Box zu befreien. Am Bag Tag MSP (Minneapolis) konnte ich erkennen, dass der arme Kerl schon etwas länger unterwegs war.

Aber komisch, kein Winseln, kein freudiges Bellen, nur ein schlaffes Fellbündel. Schlief der noch? Hatte der vielleicht 'nen Jetlag? Wäre ja kein Wunder. Ich wusste, dass die meisten Hundehalter ihren Tieren Beruhigungstabletten für einen solch langen Flug geben. Trotzdem kam es mir komisch vor. Ich zog den kleinen Kerl, der sich als Rauhaardackel entpuppte, an den Hinterbeinen aus der Box. Er rührte sich immer noch nicht. Au weia, mir schwante Übles. Ich zückte meinen Kosmetikspiegel und hielt ihn Waldi vor die Schnauze. Nix. Kein Beschlag. Oh Scheiße – der war mausetot! Ein kleines Lederherz um seinen Hals verriet mir seinen Namen: »Sweety«.

Oh Sweety, was nun? Was sagen wir jetzt deinem Frauchen? Tausend Gedanken schossen mir gleichzeitig durch den Kopf. Doch einer machte mir richtig Angst. Gaben die jetzt mir die Schuld? Verlor ich jetzt meinen Traumjob, den ich mir gerade erst tapfer erkämpft hatte? Schließlich war die Abfertigungsfirma ja gegenüber dem Hundehalter regresspflichtig. Der Dicke fiel mir bestimmt in den Rücken und würde sagen, bei ihm hätte der Hund noch gelebt. Und dann dachte ich immer wieder an die arme Frau. Und … an den *Tatort* vom letzten Sonntag, als der Kommissar den Hinterbliebenen des Mordopfers die schreckliche Nachricht überbringen musste. Nein, das konnte man der alten Dame nicht antun. Die klappte doch sofort wieder zusammen.

Ich schaute auf die Uhr. Noch zweieinhalb Stunden bis zur Landung der Maschine aus Amsterdam. In meiner Tasche befand sich der Schlüssel des Handlingautos. Okay, das könnte funktionieren!

Ich stülpte Sweety so pietätvoll wie möglich eine der orangeschwarzen Check-Baggage-Tüten über den Kopf sowie eine zweite über das Hinterteil und klemmte mir das Paket unter den Arm.

Dann öffnete ich vorsichtig die Tür des Büros und sah einmal nach rechts, einmal nach links. Clear area! Glück gehabt. So schnell wie möglich lief ich zum Firmenparkplatz und entdeckte auch sofort den richtigen Wagen. Puh, geschafft. Sweety wanderte erst mal in den Kofferraum. Ich ließ mich auf den Fahrersitz sinken und merkte, dass mir die Bluse am Rücken klebte.

Dann fuhr ich auf die Bundesstraße in Richtung Tierheim Lankwitz, circa 20 Minuten entfernt. Dort musste sich doch hoffentlich Ersatz finden lassen. Die Frage war nur: Wie erklärte ich denen meinen prekären Fall, damit sie mir auch wirklich einen frischen Dackel gaben?

Am besten mit der Wahrheit!

Ich hatte Glück. Der junge Tierpfleger, auf den ich als Erstes traf, hörte mir ruhig zu und war tatsächlich bereit, ein Tier mit ähnlicher Maserung und gleichem Geschlecht aus seinem Bestand für mich herauszugeben. Er nahm mir jedoch das Versprechen ab, der alten Dame alles zu erklären und vor allem den Ort zu nennen, wo Sweety nun seine letzte Ruhe finden würde. Die Zeit drängte und ich war sowieso bereit, diesem Mann alles zu versprechen.

Er stiefelte also los und kam schon kurz darauf mit einem Ebenbild von Sweety zurück. Mir fiel ein Stein vom Herzen und ich wäre ihm vor lauter Freude am liebsten um den Hals gefallen.

»Das ist Karli«, schmunzelte der nette Tierwärter.

Ich schüttelte den Kopf: »Ab jetzt Sweety.«

»Du bist total verrückt«, sagte er.

Bei einer solchen emotionalen Begegnung rutschte man schnell ins »du« aber das nahm ich ihm nicht übel.

Jetzt hieß es nur noch, den Namenswechsel auch offiziell zu machen. Ich zog also dem toten Sweety die Tüte vom Kopf, streichelte ihn ein letztes Mal, nahm ihm dann das Hundehalsband mit dem Namensherzchen ab und legte es Karli, jetzt Sweety, um den Hals. Er schien nichts dagegen zu haben, im Gegenteil, der kleine Dackel wedelte freudig mit dem Schwanz und leckte mir die Hand. Wahrscheinlich war er froh, hier rauszukommen. Kann man ja verstehen. Auch mich drängte es, von hier abzudüsen. Die Zeit wurde knapp.

»Lass mal, ich kümmere mich um den Rest«, sagte der Tierpfleger, als könnte er meine Gedanken lesen.

»Aber das muss unbedingt alles unter uns bleiben«, nahm ich ihn noch einmal ins Gebet, bevor ich mich endgültig vom Acker machte. Wenn das nämlich rauskam, war ich geliefert.

»Schon klar«, grinste er.

Heute wäre eine solche Aktion natürlich unmöglich, da in Deutschland jeder Hund eine Steuernummer hat und gechipt ist. Aber damals war die Welt der Hunde noch in Ordnung.

Damit er mir in letzter Sekunde nicht noch abhaute, trug ich Sweety 2 zum Auto und platzierte ihn auf dem Beifahrersitz. Der war offensichtlich an das Autofahren gewöhnt, denn er machte keine Mätzchen. Im Gegenteil, der kleine Kerl sah mich so dankbar aus seinen treuen, braunen Dackelaugen an, dass mir fast die Tränen kamen.

Wieder zurück am Airport, ging ich erst mal bei den Crewräumen vorbei, um mich dort mit dem lebenden Beweis zu zeigen. Ich hatte meinen Gürtel als Leine zweckentfremdet und musste aufpassen, dass mir der Rock nicht runterrutschte. Mein Chef winkte mir freundlich zu: »Na, auf den Hund gekommen?«

Wenn der wüsste! Ich grinste wohlwollend zurück und verdrückte mich in ein leeres Büro, um noch fix eine Schnelldressur in Sachen Namensänderung vorzunehmen. Schließlich musste Karli ja jetzt auf den Namen Sweety hören. Er setzte sich auch brav auf meinen Befehl »Platz« in eine Ecke und kam tatsächlich nach mehrmaligen »Sweety«-Rufen schwanzwedelnd auf mich zu. Na bitte! Geht doch! Noch zwei-, dreimal das Ganze wiederholt und ab mit dem Vieh in die Kiste, die ja noch beim Bundesgrenzschutz stand.

»Det war aber en langes Gassi«, begrüßte mich Dicki nur, kümmerte sich aber nicht weiter. Und ich hatte endlich Feierabend. Wohlverdient, wie ich in diesem Fall fand.

Natürlich ahnte ich in diesem Moment noch nicht, dass die Sache ein hochdramatisches Nachspiel für mich haben würde. Im Gegenteil, sehr zufrieden mit meiner Aktion, hielt ich mich wieder mal für einen richtig guten Menschen.

Der nächste Morgen brachte es dann ans Licht. Ich ging bestens motiviert zu meinem leidigen Check-in-Dienst – Gott sei Dank der letzte Tag meines Praktikums am Boden –, als ich mit barschem Ton ins Büro meines Chefs zitiert wurde. Wahrscheinlich übliches Probezeit-Übernahmegespräch, dachte ich. Doch weit gefehlt. Ich hatte noch den Türgriff in der Hand, als es wie ein Donnerschlag über mich hereinbrach.

»Sind Sie denn des Wahnsinns. Das toppt ja alles, was ich je erlebt habe«, schrie er mir ins Gesicht.

»Können Sie mir erklären, wie ein toter Dackel plötzlich quietschlebendig geworden aus der Kiste springt? Österliche Auferstehung oder was?«

Mir schossen hektische rote Flecken in Hals und Gesicht.

»Äh was?«, stammelte ich nur.

»Die Dame hat ihren Hund tot überführt, weil sie ihn hier einäschern wollte«, bellte es weiter.

Ich fiel kurzfristig vom Glauben ab.

»Als ihr gestern ein neuer Dackel entgegensprang, ist sie gleich wieder umgekippt und wir mussten die Sanitäter holen.«

Mit letzter Kraft versuchte ich mich zu verteidigen. »Ich wollte doch nur, dass der Firma kein Schaden entsteht.«

»Sie sind übers Ziel hinausgeschossen, Frau Rössel, weit hinaus!«, hauchte er jetzt nur noch. »Sie fahren jetzt jedenfalls auf der Stelle zu der Besitzerin und erklären ihr, in welcher Mülltonne ihr Hund gelandet ist.«

Typisch Vorgesetzter, bloß keine Verantwortung übernehmen, dachte ich. Doch so langsam fing ich mich wieder. »Ich machs wieder gut … ganz bestimmt.«

Er starrte mich noch immer kopfschüttelnd an.

Um vom Thema abzulenken, fragte ich beherzt nach meinem Feedbackbogen für die letzten drei Wochen.

Doch er schrie nur: »Raus!«

Ich gab Fersengeld, nahm aber spontan die Kaffeedose, die neben der Maschine stand, mit. Etwas Asche und ein paar Blumen würden sich schon auftreiben lassen.

Natürlich hatte die Story sich wie ein Lauffeuer herumgesprochen, und jeder Mitarbeiter, dem ich begegnete, brach sofort in prustendes Gelächter aus. Ich trug es mit Fassung und verzog keine Miene, auch wenn ich den Arsch voller Tränen hatte.

War das nun tatsächlich schon das Ende meiner vielversprechenden internationalen Fluglaufbahn? Aber wie sagte meine Tante Inge immer: Wenn du bis zum Hals in der Scheiße steckst, Kopf hoch, so hoch wie möglich.

Und so stand ich zwei Stunden später, aufrechten Hauptes mit einem Blumenstrauß und einer Kaffeedose voll mit Asche, in Dahlem vor einem kleinen Häuschen mit Vorgarten. Die Dackelbesitzerin sah schon wieder recht rosig aus und Karli alias Sweety sprang mir freudig entgegen. Ich stammelte eine Entschuldigung, die sich aber als gar nicht mehr nötig erwies. Die alte Dame war tief gerührt und nahm mich sogar in den Arm. Nie hätte sie gedacht, dass eine Airline so viel Menschlichkeit und Engagement für ihre Passagiere zeigen würde. Sie wollte noch heute einen Brief an meinen Chef schreiben und sich für alles bedanken.

Ich atmete auf. Besser hätte es nicht laufen können. Mein Arsch war gerettet.

2

PEEPSHOW

Wiesnzeit. MUC (München/ Franz-Josef-Strauß) nach FCO (Rom/ Fiumicino). Letzte Maschine 21 Uhr. 150 Passagiere waren gemeldet, hauptsächlich Italiener in Lederhose und Dirndl und dem entsprechenden Pegel. Schon beim Einsteigen brachte ein junger Typ mit seiner Papiertröte mein Trommelfell fast zum Platzen, und ich musste mich ganz schön beherrschen, dem nicht eine zu ballern. Dann kam einer mit einem rosafarbenen Monsterteddy unterm Arm daher und riss mir glatt die Pillbox vom Kopf. Er rülpste mir eine Entschuldigung entgegen und hüllte mich in eine säuerlich riechende Bierwolke. Na, Prost Mahlzeit. Das konnte ja heiter werden. Wieso setzten die eigentlich immer mich auf solche Partybomber?

In der Maschine grölten sie derweil den letzten Wiesnhit vom schönen Anton aus Tirol und torkelten durch die Gänge. Wie sollte ich bitte schön diese durchgeknallte Meute durchzählen? Aber wat mutt, dat mutt. Ich atmete also tief durch, aktivierte meinen Handzähler und stellte auf Kampfmodus um. Konnten die sich nicht endlich auf ihren Arsch setzen?

Auch nach wiederholter Zählung waren es nur 149. Und aufm Klo war auch keiner. Das hatte ich gecheckt. Wahrscheinlich lag der fehlende Passagier irgendwo besoffen in der Ecke und schlief seinen Rausch aus.

Ich meldete im Cockpit 149 Gäste ab. Heute flog der dicke Andreas, unser Flugsaurier. Der kam noch aus der Generation nach dem Motto »Die erste Nacht gehört dem Kapitän«. Wegen seines inzwischen schütter gewordenen Haupthaares behielt er immer seine Uniformmütze auf. Denn trotz Bauch und Pläte glaubte er, noch unwiderstehlich zu sein, und dachte bestimmt, er fliegt seinen verlängerten Penis durch die Luft.

Die meisten Düsen sehen über solch präpubertäre Anwandlungen großzügig hinweg. Denn ehrlicherweise, wer es schaffte, so ein Exemplar vor den Traualtar zu zerren, hatte ausgesorgt. 150.000 Euro im Jahr reichten easy für eine Villa im Grunewald. Wenn es unbedingt sein muss, presst man auch noch ein, zwei

Bälger raus, denn ein polnisches Kindermädchen ist natürlich inklusive. Und wenn der Alte abstürzt, gibts obendrein 'ne fette Witwenrente.

Dazu fällt mir unsere spanische Fliege Estrella ein. Die hatte sich bei einem Overnight auf den Malediven den hübschen Ansgar geschnappt, die Kastagnetten klappern lassen und mit ihm einen Stierkampf der ganz besonderen Art veranstaltet. Der arme Kerl wusste gar nicht, wie ihm geschah, als er ein paar Monate später in einer kleinen Kirche in der Estremadura stand und ewige Treue schwören musste. Ich war übrigens Trauzeugin und muss gestehen, dass ich mir damals insgeheim wünschte, vielleicht auch noch mal einen abzukriegen. Aber der sollte dann schon aus der Art schlagen. Lange Haare, Reggae-Fan, gleichzeitig Gentleman und die Villa in der Karibik oder auf Jamaika. Doch davon konnte man eben nur träumen.

»Vielleicht hat sich mein Mäuschen ja mal wieder verzählt«, unterbrach Andreas meine Gedanken. »Deine Stärken liegen ja offensichtlich woanders«, sagte er frech und starrte mir unverschämt auf die Uniformbluse. So viel zum Thema Gentleman.

Offensichtlich hatte er noch immer nicht kapiert, dass sein Typ absolut nicht in mein Beuteschema passte. Vom ersten Moment an war er hinter mir her und nutzte jede Gelegenheit, mich vom Gegenteil zu überzeugen.

Merkwürdigerweise blieb sein Blick diesmal jedoch nur kurz an mir hängen, was mich nun doch leicht irritierte. Auch der wesentlich jüngere, eigentlich ganz nette Copi streckte nun seinen Kopf aus dem Cockpit und grinste eindeutig, aber ebenfalls an mir vorbei. Ich drehte mich um und erblickte eine absolute Granate im großzügig ausgeschnitten Dirndl. Höchstens 20 Jahre alt, wallende schwarze Locken, Wespentaille, Hammerbeine und das alles gut durchgebräunt. Pax (Passagier) Nummer 150.

»Doch nicht verzählt«, konnte ich mir nicht verkneifen, doch die beiden nahmen mich schon längst nicht mehr wahr. Ich knallte ihnen resolut die Tür vor der Nase zu. Ende der Liveshow. Sollten sie sich den Rest doch auf dem Kabinenmonitor ansehen.

Die junge Frau könnte wirklich bei Heidis GNT auftreten, musste ich neidlos zugeben. Und tatsächlich wurde der Mittelgang dann auch schnell zum Catwalk. Den männlichen Passagieren fielen fast die Augen raus. Doch irgendwie schien sie das wenig zu kümmern. Fast wie in Trance schwebte sie nach hinten zu 26 D. Ich begleitete sie zu ihrem Platz, obwohl schon wieder das Cockpit nach mir rief.

So langsam kam ich mir hier wirklich vor wie die Supernanny. Diese Kerle hatte man doch alle als Kleinkind zu lang auf dem Topf sitzen lassen und dann von der Sandkiste direkt in den Airbus versetzt. Nicht zu fassen. Ich schleppte mich also wieder nach vorne, vorbei an trötenden Lederhosen und quietschenden Dirndls zu meinen beiden Sonnyboys.

»Was gibts?«

»Äh … äh Renate, kannst du uns wohl 'n Gefallen tun?«

Ich schüttelte sofort den Kopf, weil ich schon ahnte, was die Vögel wieder wollten. »Ne wirklich nicht«, sagte ich nur.

»Bitte«, hauchte Heinrich mit flehendem Dackelblick.

»Ne, das mach ich nicht«, wiederholte ich stur.

»Renate, wir geben dir auch in Rom einen aus. Bei Sabatini. Du weißt, amore, amore. Der glutäugige Gitarrenspieler.«

Ich blieb hart, eisenhart.

»Nur die Telefonnummer«, versuchte es Andreas noch einmal. »Das machst du doch mit links.«

Ich komme so langsam auf 100. Als ob ich nicht schon genug zu tun hätte. »Und wie stellt ihr euch das vor?«, blaffte ich die beiden an. »Soll ich der sagen, da vorne warten zwei Zuchthengste mit Testosteronüberschuss und sie soll sich schon mal freimachen?«

»Warum nicht«, grinst der dicke Andreas dumpf.

Das reichte. Ich knallte die Tür zu. Was glaubten die eigentlich, in was für einer Liga sie spielten? Von solchen Typen ließ die sich bestimmt nicht mal aus dem Mantel helfen.

Wenn ich mich da mal nicht irrte.

Der Service gestaltete sich wie erwartet hochgradig geisteskrank. Über den Alpen wurde es aber erst so richtig spaßig. Durch den Druck in der Kabine schoss beim Öffnen der Bierdosen der Schaum nur so heraus, was die sowieso schon Angetrunkenen zum Brüllen fanden. Besonders, wenn sich die Brühe über meine Hände und Uniformbluse ergoss. So könnte ich wahrscheinlich beim Wet-Blusen-Contest mitmachen, falls es so etwas überhaupt gibt.

Als dann auch noch Turbulenzen aufkamen, ging natürlich, wie konnte es auch anders sein, das große Kotzen los. Immer wieder bekam ich lecker lauwarme Spucktüten in die Hand gedrückt.

Unangenehm war auch, dass ich dauernd irgendwelche Hände an meiner Taille, meinem Hintern und meinen Schenkeln spürte. Außerdem wollte mir permanent jemand Essen in den Mund stecken, sodass ich nicht drum herum kam, meinen Lieblingsspruch in regelmäßigem Abstand laut herauszuposaunen: »Das Streicheln und Füttern der Flugbegleiter ist strengstens verboten.«

Der nervenaufreibende Spießrutenlauf endete schließlich in der hinteren Galley. Ich hatte mich gerade für eine Minute auf meinem Sitz niedergelassen und die Beine ausgestreckt, als plötzlich ein ohrenbetäubendes Gepfeife und Gegröle losging, als ob 20 halb nackte Burlesque-Tänzerinnen vom Crazy Horse durch die Kabine springen würden.

Und so falsch war dieser Gedanke nicht einmal.

Da stand doch Pax 150 splitterfasernackt mit hochgerissenen Armen, wippenden Brüsten und wohlgeformtem Hinterteil mitten in der Kabine und bewegte sich im Sambaschritt auf das Cockpit zu. Dabei sang sie immer wieder mit schriller Stimme: »Ich will zu Gott. Lasst mich zu Gott. Ich will zu Gott.«

Meine Kollegin Moni und ich sahen uns nur fassungslos an. »Hört das denn gar nicht mehr auf heute?«

Noch ein paar Meter, dann hatte die Cockpit-Kamera sie und die beiden Geier da vorne hatten auch noch ihren Spaß. Ein Glück, dass wir kurz vor der Landung waren und sie in ihrem Käfig bleiben mussten.

Ich schnappte mir eine Decke, auch wenn mir klar war, dass man mich später als Spielverderberin und Spaßbremse beschimpfen würde. Aber egal. Die Frau war doch voll auf Koks oder Speed oder was auch immer und brauchte Hilfe. Die wusste doch gar nicht mehr, was sie tat.

Als ich ihr die Decke umlegte, brach sie mit einem letzten Schrei nach dem Allmächtigen ohnmächtig zusammen. Moni und ich trugen sie zu ihrem Platz zurück. Die Italiener hatten inzwischen wohl gecheckt, dass jetzt Schluss mit lustig war und schauten allesamt ziemlich betroffen drein. Die Stimmung in der Maschine war wie im Sturzflug nach unten gegangen. Keiner machte mehr einen Mucks, bis wir gelandet und die Triebwerke ausgeschaltet waren.

Über Funk hatten wir bereits die Sanis informiert, die auch sofort an Bord kamen und die Frau abtransportierten.

Erst später erfuhren wir, dass die »Schöne« ein Drogenkurier war und eines der Kokainpäckchen in ihrem Darm geplatzt war. Sie war nur knapp dem Tod entkommen.

3

SOCKENBRAND

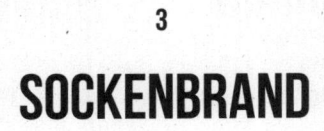

Es goss in Strömen. Die Meute war schon an Bord, die Flugvorbereitung fast beendet. Nur der Outside-Check stand noch aus. Reifendruck checken, kontrollieren, ob der Tank auch wirklich voll ist, sowie Überprüfen der Hydraulik vom Hauptfahrwerk. Bei dem Wetter bestimmt keine Freude, aber mich freute es diebisch, dass es meinen Freund »Breitling« traf, wie ich diesen Copiloten heimlich getauft habe, der sich unbedingt von seinem ersten Gehalt so einen dicken Wecker kaufen musste.

Fluchend machte er sich auf den Weg nach draußen und kam nach gefühlten zehn Minuten bis auf die Haut durchnässt zurück an Bord. Klar, dass wir uns wieder anhören mussten, was für einen schäbigen Hungerlohn er für diese Drecksarbeit bekam, die er hier jeden Tag leistete. Damit hatte er sogar recht, denn Copis werden zu Anfang oft schlechter bezahlt als wir. Ich hatte leider keine Zeit, ihn zu bedauern, holte ihm aber kollegial ein Papierhandtuch aus dem Klo, während er Schuhe und Socken auszog. Letztere ließen sich tatsächlich auswringen. Grinsend hielt er mir nun seinen Kopf hin, wohl in der Erwartung, dass ich ihm, wie früher Mutti, die Haare abrubbelte. Sonst noch was? Ich hatte schon wieder einen frechen Spruch auf den Lippen, kriegte mich aber noch rechtzeitig ein. Schließlich flog ich erst seit Kurzem für diese Airline und sollte wohl im eigenen Interesse den Ball besser erst mal flach halten. Bestimmt hatten wir noch so einige gemeinsame Flugmeilen vor uns. Glücklicherweise bimmelte mich gerade meine »Kollegin« Mary alias Mario vom Overwing aus an, wo es Probleme zu geben schien. Ich drücke »Breitling« also die Towels in die Hand und sprintete nach hinten. Als ich näher kam, ahnte ich schon, was es geschlagen hatte. Ein Pinguin mit gelb-schwarzer Pünktchen-Krawatte hatte bereits rote Flecken am Hals. Offensichtlich wollte er sich nicht belehren lassen, wie er sein Handgepäck zu verstauen hatte, und Mary schien mit seinem Latein am Ende.

»Von einem Schwulen lass ich mir überhaupt nichts vorschreiben«, schrie er den smarten Steward an.

Der ließ sich das nicht zweimal sagen und drückte nun erst recht auf die Tube. Er wedelte mit hoch erhobenen Armen, wackelte mit seinem Ärschchen im Takt und säuselte dabei mit zuckersüßer Stimme: »Taritara ... schwul hier, schwul da. Das Handgepäck muss wäck.«

Der Pinguin bekam jetzt einen vollständig roten Kopf und schnappte nur noch nach Luft.

Ich versuchte, Mary in seinem Eifer zu stoppen und die Situation zu entschärfen. Behutsam nahm ich ihn beiseite und flüsterte ihm zu, sodass nur er es hören konnte: »Geh doch mal nach vorn. Der Copi möchte, dass du ihm die Haare trocken rubbelst.«

Mary zögerte nur einen kurzen Moment, drückte mir dann die Aktentasche des Pinguins in die Hand und stolzierte hoch erhobenen Hauptes nach vorne. Ich wusste natürlich, dass er ein Auge auf den knackigen Copi geworfen hatte, was natürlich nicht auf Gegenseitigkeit beruhte. Aber das war mir im Moment egal. Ich beruhigte den Pinguin und erklärte ihm, so süß und weiblich ich nur konnte, dass in den Notausgangsreihen kein Handgepäck unter den Sitzen verstaut werden darf, was er als Geschäftsmann natürlich wusste. Aber ein Quotenarschloch hatte man eben immer an Bord.

Um ihn zu beruhigen, strich ich ihm mit meinem Lederhandschuh über den Arm, was ihm sichtlich zu gefallen schien. Und schließlich folgte er mir wie ein gut abgerichteter Dobermann, gab sogar Pfötchen und steckte mir überflüssigerweise auch noch seine Visitenkarte zu. Typisches Missverständnis von professioneller Höflichkeit. Das Ding habe ich natürlich sofort zerrissen. Alltag!

Zwei Reihen dahinter brauchte ein glatzköpfiger Wal mit schwarzer Sonnenbrille noch einen Extension-Gurt, eine Mami mit Baby wollte, dass ich ihr das Milchfläschchen warm mache, und eine ältere Dame musste mit Decke und Kissen versorgt werden. Doch auch dieses Boarding nahm schließlich ein Ende und ich konnte endlich die Forward Entry Door schließen.

»Cabincrew all doors in flight«, schnurrte ich in den Hörer und auch die anschließende Safety Demo ging mir ohne nachzudenken easy über die Lippen. Man könnte mich um drei Uhr morgens wecken und ich würde sie wie aufgezogen in drei Sprachen herunterrattern. Obwohl wir uns im 21. Jahrhundert befinden, hat sich diese Airline noch nicht zu einer Videoinstallation durchringen können. Aber live ists ja auch viel persönlicher. Kotz!

Ich erklärte gerade, wie die Sauerstoffmasken funktionieren, als ich zu meinem Entsetzen sah, dass dicke Rauchschwaden aus dem Ofen in der Bordküche aufstiegen. Dazu kam ein merkwürdiger Geruch, der irgendwie an Käsefondue erinnerte. Hatte da jemand sein Käsebrötchen drin vergessen? Oder war ein Kabel durchgeschmort, was zu größeren sicherheitstechnischen Problemen führen könnte?

Als sich dann auch noch eine grelle Stichflamme zeigte, spulte sich sofort der Ablauf einer CFP (Cabin Fire Procedure) in meinem Hirn ab. Ich unterbrach die Demo mitten im Satz, zog den Feuerlöscher unter meinem Jump Seat hervor, brach das Siegel ab, riss die Ofentür auf, wobei ich mir auch noch die Pfoten verbrannte, und spritzte rein, was das Zeug hielt. Es zischte und knisterte. Mary tauchte in voller Montur mit Atemmaske, Crash Axe, Asbesthandschuhen und einem weiteren Feuerlöscher wie ein Alien hinter mir auf. Die Abläufe saßen. Er hatte alles richtig gemacht. Die Passagiere in den Reihen C und D konnten kaum glauben, was da abging, und beugten sich mit langen Hälsen nach vorne. Und auch ich fiel vom Glauben ab, als ich den Brandherd entdecke: Breitlings Socken, dampfend umgeben von weißem Löschschaum! Ich schnappte mir eine Eiswürfelzange und versuchte, das was von den Socken übrig war, zu greifen, was mir schließlich auch gelang. Triumphierend öffnete ich die Türe zum Cockpit und hielt Breitling das Corpus Delicti unter die Nase.

»Bist du wahnsinnig? Deine Socken hätten beinahe die Mühle in Brand gesetzt«, herrschte ich ihn an.

Breitling verzog keine Miene. »Jetzt stell dich nicht so an, das war doch nur ein bisschen Kondenswasser, da muss man doch nicht gleich die Feuerwehr aufmarschieren lassen.«

Mir verschlug es die Sprache. So ein arrogantes Arschloch. Wieso hab ich den eigentlich am Hacken? Zu blöd, dass man sich nicht aussuchen kann, wer da vorne sitzt. Mary stand noch immer wie bestellt und nicht abgeholt in voller Montur neben mir und wartete auf mein Kommando »Equipment ablegen«. Schließlich erbarmte ich mich. Seine schicke Gelfrisur war auch nicht mehr das, was sie mal war. Als ich ihm Breitlings Socken präsentierte, schrie er nur laut »Scheiße« und verschwand in der Toilette, um sich wieder auf Vordermann zu bringen.

Ich führte – natürlich, als ob nichts gewesen wäre – die Safety Demo zu Ende und wünschte allen Passagieren einen angenehmen Aufenthalt an Bord.

4

MONTEZUMAS RACHE

Hurra, endlich mal wieder ein Overnight auf den Kanaren! Es war Januar und ich hatte die Sonne seit Wochen nur noch über den Wolken gesehen. Das Leben hatte mich schon wieder voll im Griff. Ich saß zwischen Umzugskartons und Kisten wie eine Trümmerfrau und versuchte, ein Sommerfähnchen zu finden, das wenigstens irgendwas hermachte. Wäre auch schön, wenn meine Flipflops auftauchten.

Mein jüngerer Bruder hatte versprochen, mir den Umzug von Köln nach Berlin zu machen, wo ich erst mal zur Untermiete ein Zimmer bei einer Blaublütigen gefunden hatte, der Gräfin zu Lauenstein. Irgendwie war mir ihre Anzeige in der *Mopo* als erste ins Auge gestochen: *Suche gepflegte stubenreine Mitbewohnerin mit Sinn für Humor.*

Das konnte ich bieten. Die Miete war damals noch Peanuts, und dass die Dame leichte Aussetzer hatte, störte mich nicht, ich würde ja sowieso viel unterwegs sein. Allerdings konnte ich zu dem Zeitpunkt noch nicht ahnen, dass sie mir ständig wie ein Pickel am Hintern kleben würde.

Doch jetzt stand erst mal Fuerte an. Die Airline spendierte uns sogar zwei Nächte im Robinson Club Jandia Playa, der Singlehochburg, wo nicht nur Essen und Trinken all inclusive ist.

Ich war schon mal dort gewesen und hatte sogar eine wirklich heiße Nacht mit einem Vertreter für landwirtschaftliche Nutzfahrzeuge im sogenannten Samenbunker verbracht. Zwischen stilvollen Bungalows im Palmenhain haben sie eine zwölfstöckige Bausünde hochgezogen. Ist mir unbegreiflich. Aber da drin gehts ab wie in einem Swingerclub. Vielleicht würde ich mir diesmal wieder einen potenten Karpfen aus dem Becken ziehen. Kaum war dieser Gedanke aufgetaucht, da fand sich auch schon mein kurzes Jerseykleid mit den bunten Fischen und dem tiefen Ausschnitt, womit ich schon vor zwei Jahren recht erfolgreich gewesen war. Es saß etwas eng, aber war durchaus noch einsetzbar. Glück gehabt. Also ab damit ins Crewgepäck, Taxi anrufen und los gings zum Airport.

Vor dem Boarden der Passagiere gabs noch schnell für die ganze Besatzung ein Käffchen. Meine ältere Kollegin, ein echter Flugsaurier, die ich schon seit meiner Anfangszeit kenne, aber schon länger nicht gesehen hatte, hielt mir schon den Pappbecher hin. Wir umarmten uns herzlich.

»Give me five«, grinste sie. Unsere Handflächen klatschten aufeinander. »Ich habe sie alle überlebt. Und das wird auch so weitergehen.«

Da hatte sie wohl recht. Wer einmal Blut geleckt hat, der bleibt dabei, bis es ihm die Hufe wegreißt. Dagmar hatte sich gut gehalten, dank Hyaluron, wie sie mir gestand. Ja, wir haben alle so unsere Geheimnisse.

»Und wie kommst du von A auf D?«, entlockte sie mir meines. Ich öffnete bereitwillig meine Bluse und zeigte ihr die volle Pracht.

Sie wollte unbedingt mal anfassen, wogegen ich nichts hatte. Nur leider öffnete sich in diesem Moment die Cockpit-Tür und Breitling grinste uns unverschämt entgegen:

»Schön, dass ihr euch gleich so gut versteht. Ich hätte gerne einen Kaffee mit Milch, wenn es denn möglich ist!«

Ich knöpfte mich schnell wieder zu. Der Arsch tauchte auch immer im falschen Moment auf. Manchmal könnte ich ihm die Lepra an denselben wünschen. Dagmar nahms gelassen und reichte ihm die Plörre. Er roch dran und verzog das Gesicht. »Habt ihr da einen Klostein statt Zucker reingehauen?«

Ich probierte meinen und musste ihm recht geben. Schmeckte irgendwie streng nach Chlor. Wir ließen uns davon jedoch nicht stören und tranken die Brühe trotzdem. Das war so ein Ritual, um sich hochzufahren. Und selbst Rüdiger, unser heutiger Kommandant, stets wie aus der Männer-Vogue entsprungen, kippte seine Ration mit Todesverachtung runter.

Doch kaum war er wieder auf seinem Sitz, gings auch schon los – er reiherte voll über die Cockpit-Instrumente. Breitling schaffte es noch bis aufs vordere Klo. Dagmar umarmte verzweifelt den Waste

Container. Ich spürte es auch schon im Enddarm grummeln, hatte jedoch bis zu den hinteren Toiletten noch 31 Reihen vor mir, die ich im Laufschritt zurücklegte. Leider waren beide schon besetzt und es drangen eindeutige Töne nach draußen. Ich konnte nicht mehr halten und ließ es einfach laufen. Auch schon egal.

Vorne stiegen bereits die ersten Passagiere ein. Irgendein Idiot musste das Boarding Okay gegeben haben. Dagmar war nicht zu sehen. Wahrscheinlich hing sie immer noch über der Schüssel und auch bei mir gings jetzt oben los. Der absolute Super-GAU. Panisch hämmerte ich gleichzeitig mit meinen Fäusten gegen die beiden gegenüberliegenden Toilettentüren und wimmerte jetzt nur noch: »Lasst mich rein. Bitte.«

Von vorne kamen bereits die ersten Kommentare: »Hier stinkts ja wie im Raubtierkäfig. Sind die Toiletten verstopft? Unverschämt!«

Warum verdammt noch mal, stoppen die da vorne das Boarding nicht? Alle out of order, oder was?

Ich hatte nur eine Chance, wenn ich den Passagieren, die bereits unaufhaltsam wie ein Tsunami auf mich zukamen, nicht vor die Füße kotzen wollte. Mit letzter Kraft stemmte ich die hintere Tür auf und kotzte nach draußen. Ich fühlte mich gerade kurzfristig besser, als eine ältere Frau mir auf die Schulter klopfte und fragte, warum beide Toiletten besetzt seien, sie müsse mal. Ich hatte den Mund gerade von Neuem wieder voll mit meinem halb verdauten Frühstücksmüsli und konnte ihr leider keine Antwort geben. Am liebsten wäre ich aus Verzweiflung runter auf den Asphalt gesprungen, aber drei Meter sind doch ein bisschen viel. Ich drehte mich mit schmerzverzerrtem Gesicht um, schnappte mir einen keimigen Wischlappen von der Galley und wischte mir den Mund ab.

»Sie sehen aber nicht gut aus, Kindchen«, meinte die Frau und warf mir einen mitleidigen Blick zu.

Mein Kreislauf war auf Zero und in meinem Bauch gurgelte und gluckerte es wie in einem Jacuzzi. Außerdem hatte ich Schmerzen, als hätte man mir sieben Messer in den Bauch gerammt.

Auch ohne Unterstützung fummelten sich die Passiere auf ihre Plätze und warteten brav auf Begrüßungsansage und Safety Demo. Doch da schob sich heute gar nichts.

Die beiden »Heckschweine« auf den Toiletten rührten sich nicht. Waren die etwa schon tot? War da Gift im Kaffee? Vielleicht ein hinterhältiger Anschlag. Probte nicht gerade das Cateringpersonal wieder mal einen Zwergenaufstand?

Ich schnappte mir das Interphone, um mal zu hören, ob es vorne Überlebende gab. Erst mal keine Antwort. Dann die erstickte Stimme von Dagmar. Der Notarzt wäre schon unterwegs.

»Halt durch, Renate.«

Kurz darauf schallte eine Ansage durch die Kabine, dass auf Grund eines technischen Defekts die Passagiere die Maschine wieder verlassen und sich in den Warteraum begeben müssten.

Meuternd, schimpfend und zeternd packten sie ihr Gelumpe zusammen, und endlich war der Weg nach vorne frei, wo es vielleicht irgendwo ein unbesetztes Klo für mich gab. Den Mund hätte ich mir auch gerne ausgespült. Ich schaffte es jedoch nur noch bis Reihe 17. Dort wurde mir schwarz vor Augen.

Das Erste, was ich wieder sah, war Breitling neben mir mit einer Beatmungsmaske im Gesicht. Ich hatte auch eine auf und über mir hing ein orange gekleideter Mann mit dunklem Schnauzer. Ich war total verwirrt. War ich jetzt bei der BSR (Berliner Stadtreinigung) gelandet? Wollten die uns entsorgen? Sondermüll? Gott sei Dank nicht.

Ein Ersthelfer redete beruhigend auf mich ein und erklärte mir, dass die Kaffeetanks kontaminiert waren, wir alle eine schwere Chlorvergiftung hätten und auf dem Weg zur Charité seien. Dort würden sie uns erst mal den Magen auspumpen. Und dann müssten wir wahrscheinlich mehrere Tage zur Beobachtung dableiben.

Adios Jandia Playa. Schön wärs gewesen, aber die Party musste dieses Mal ohne uns stattfinden.

Im Krankenhaus sperrten sie uns alle in ein Zimmer, als hätten wir eine ansteckende Krankheit. Nur durch Vorhänge getrennt siechten wir nun stöhnend nebeneinander dahin. Ich direkt neben Breitling, bei dem sich, noch schlimmer als bei mir, in kurzen Abständen die Bettdecke lüftete. Er greinte und jammerte dabei, als müsse er gleich sterben, fehlte nur noch, dass er nach seiner Mama schrie. So ein Jammerlappen. Schob doch sonst immer den dicken Colonel. Als ich ihn so im hinten offenen Krankenhaushemd, an sein Infusionsgestell geklammert, zur Toilette wanken sah, fragte ich mich wirklich, wie der zu seinen drei Streifen gekommen war.

Eigentlich sagt man ja, die Not schweißt die Menschen zusammen. Bei uns war das allerdings weniger der Fall. Jeder machte sein Leid mit sich selbst aus und vermied peinlichst, irgendeinem anderen in die Augen zu sehen.

Fast eine ganze Woche konnten wir kein Essen bei uns behalten und hingen allesamt am Tropf. Ich hatte bestimmt drei Kilo geschmissen – das einzig Positive an der ganzen Nummer. Mein Kleid mit den bunten Fischen saß jetzt bestimmt lockerer. Doch wahrscheinlich würde es Sommer werden, bis ich es in Deutschland wieder tragen konnte, denn Kanarenflüge waren begehrt und schwer zu ergattern.

Diese unrühmliche Geschichte ging jedoch noch weiter.

Bei seiner Entlassung aus der Charité machte Breitling schon wieder einen auf dicke Hose und wollte weder länger dort rumhängen, noch eine weitere Woche krank geschrieben werden. In ein paar Stunden wäre er wieder im Cockpit und morgen schon wieder an der Playa Ingles mit einem Caipi in der Hand, posaunte er lauthals herum. Wir wären doch alle Weicheier. Ihn würde man jedenfalls hier nicht so schnell wiedersehen.

Wenn er sich da mal nicht täuschte.

Schon zwei Tage später lieferten sie ihn wieder ein. Mit drei gebrochenen Rippen, bösen Prellungen und einem Schädeltrauma. Diesmal war er jedoch selbst schuld an seinem Malheur, wie mir eine Kollegin berichtete.

Als er von außen die vordere Tür des Airbus 320 öffnen wollte, musste er wohl übersehen haben, dass das Pressure Light auf Rot stand. Klar, dass die voll unter Druck stehende Tür ihn wie einen Stuntman bei *Skyfall* voll rückwärts durch den Finger schleuderte. Ich konnte mir eine gewisse Schadenfreude nicht verkneifen.

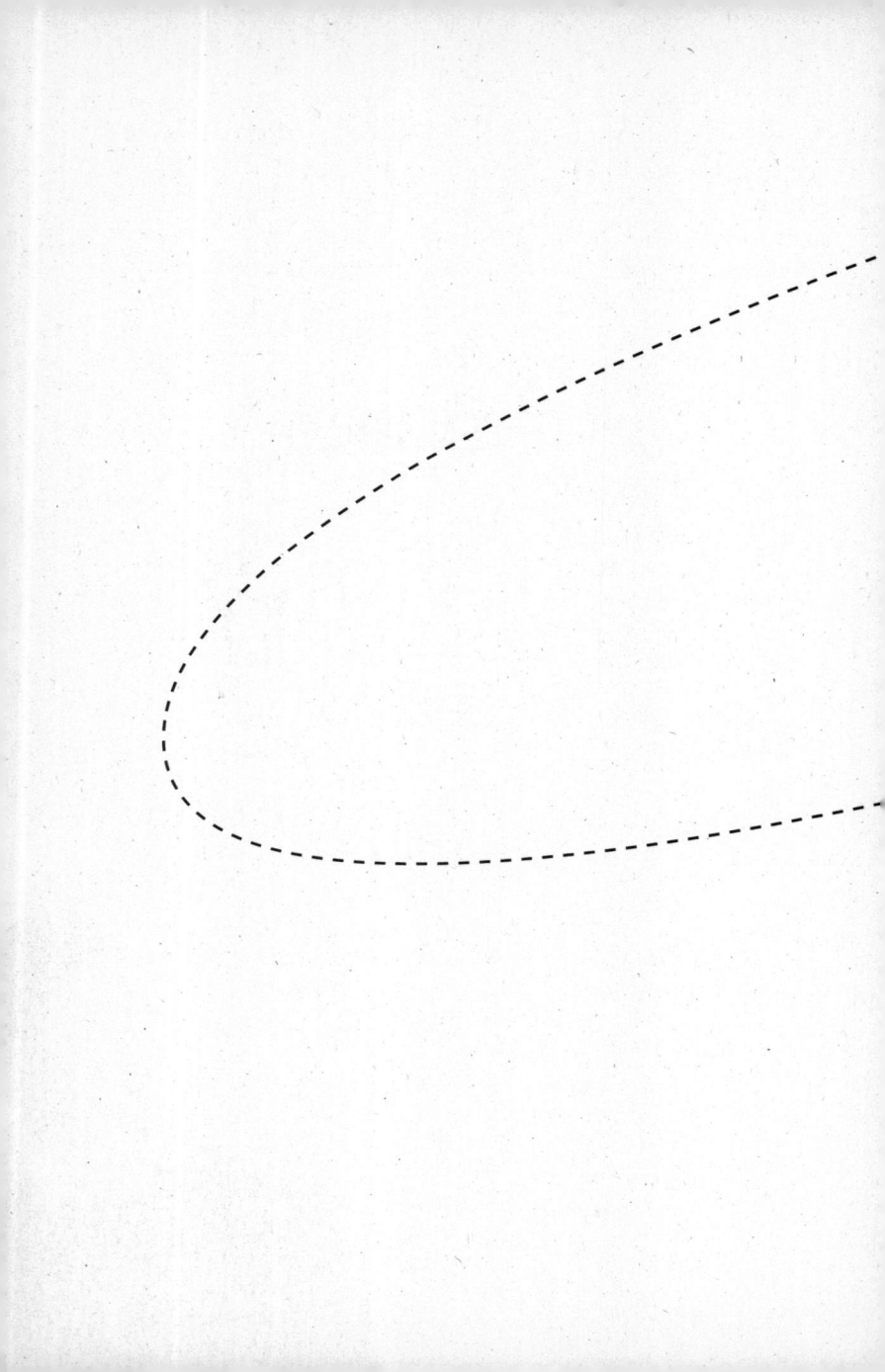

5

AUF LEISEN SOHLEN

Ich hatte Rufbereitschaft, Dienstag 00.00 Uhr bis Mittwoch 00.00 Uhr. Das hieß im Klartext: Ich konnte mich höchstens 100 Meter von zu Hause wegbewegen. Denn wenn das Crewing anruft und mich unplanmäßig auf eine kleine Europatour schickt, weil einer Kollegin wieder ein Pups quer liegt, musste ich zügig, sprich 50 Minuten später, geschminkt und gestylt auf der Matte stehen. Und das meistens, wenn mans am wenigsten gebrauchen kann. Ich wohnte seit Kurzem in Berlin-Charlottenburg zur Untermiete in einer herrschaftlichen Wohnung, allerdings nicht im Prachtsalon, sondern im ehemaligen Dienstmädchenzimmer. Meine Landlady, ihres Zeichens verarmte Adelswitwe, hatte sie von ihrem letzten Ehemann, Gott hab ihn selig, abgestaubt. Laut ihrer manchmal etwas wirren Erzählungen musste es der dritte gewesen sein. Leider war mir, als ich den Mietvertrag unterschrieben hatte, nicht so richtig bewusst, was damit alles verbunden war. Die alte Dame litt an regelmäßigen Anfällen von Drehschwindel, Depressionen und Wahnvorstellungen. Und da ihr Therapeut auch manchmal etwas Abstand von ihr benötigte, blieb vieles an mir hängen.

Und heute Morgen war nun gerade ihr Hildegard-von-Bingen-Nerventee ausgegangen.

»Renate, kannst du mal kommen«, tönte es weinerlich hinter der Türe ihres Boudoirs, das, vollgestopft mit kleinen Beistelltischchen plus Häkeldeckchen, absoluten Museumscharakter hatte. Sie sei heute schon den ganzen Tag unpässlich und könne unmöglich das Bett verlassen. Tja, was blieb mir übrig.

Ich ließ mich wie immer breitschlagen und verzichtete drauf, ihr zu erklären, dass ich Bereitschaft hatte. Zufrieden sank sie also wieder in ihren Kissenberg. Ich war schon fast aus der Tür, als sie mir plötzlich mit recht kräftiger Stimme nachrief. Wenn ich sowieso schon in den Bioladen ginge, könnte ich ja auch gleich geräucherten Tofu, Dinkelbrötchen, Bio Miso, Vollkornreis, Kamutbrot und Sojamilch mitbringen. Alles klar. Ich gab gar keine Antwort mehr, denn meine Uhr zeigte, dass es bereits kurz vor Ladenschluss war.

Dementsprechend viele Ökos latschten sich in der Körner-Corner auf die Füße. Schon erstaunlich, wer sich das alles leisten kann. Ich mit meinem Gehalt jedenfalls nicht. Wenn überhaupt, kaufe ich Bio-Bio bei Lidl. Doch die verarmte Gräfin hatte offensichtlich kein Problem damit.

Den Jutesack schon gut gefüllt, steuerte ich nach gefühlten zwei Stunden in Richtung Kasse. Es gab zwei und natürlich stellte ich mich an der falschen an. Da tat sich geschlagene fünf Minuten gar nichts, weil irgendeine Trulla wieder vergessen hatte, sich ihre Körner vorher abwiegen zu lassen.

Und dann klingelte auch noch mein Handy ganz unten im Jutesack. Panisch fischte ich es heraus, während mir bereits Übles schwante. Und tatsächlich: Das Display zeigte Crewing. Lieber Gott, lass es ein Versehen sein. Ich wurde leider nicht erhört. »Tegel/ Köln, Köln/Tegel. Letzte Maschine. Check-in 19.10 Uhr«, säuselte mich eine fast schadenfrohe weibliche Stimme an. Zumindest kam es mir in diesem Moment so vor. Aber okay, wat mutt, dat mutt, wie der Kölner sagt.

Eingeklemmt zwischen einem Anzugträger mit gelockerter Krawatte und einer voll gestressten Mutter mit zwei plärrenden Kleinkindern, die sich auch durch einen Müsliriegel nicht beruhigen ließen, checkte ich erst mal die Lage ab. Vor mir waren noch fünf Leute, die auf den ersten Blick nicht so aussahen, als ob sie mich vorlassen würden. Ich versuchte es trotzdem. Doch meine Erklärungsversuche riefen nur Unverständnis hervor. Damit könnte ja jede kommen, meinte sogar der Anzugtyp vor mir. Na reizend. Die Zeit lief. Mir blieb also nichts anderes übrig, als den Jutebeutel neben dem Müsliriegelregal abzustellen und so schnell wie möglich nach Haus zu rennen.

Die Gräfin erwartete mich im türkisfarbenen Morgenmantel bereits an der Tür und hielt mir, wie immer aus Angst um ihren Vollholzparkettboden, ein paar altrosafarbene Filzpantoffeln entgegen. Um jegliche zeitraubende Diskussion zu vermeiden, zog ich sie an.

»Es geht los«, schleuderte ich ihr nur entgegen und konnte mich nicht weiter darum kümmern, dass sie gleich in eine seelische Schräglage geraten würde, nicht nur weil ich mit leeren Händen zurückgekommen war, sondern sie auch schon wieder alleine ließ. Nicht allein sein zu wollen, schien wohl der Hauptgrund, dass sie überhaupt vermietete. Doch wie eine Flugbegleiterin so lebte, dürfte ihr bei der Auswahl ihrer Untermieterin nicht so ganz klar gewesen sein. Ich hetzte ins Bad. Während ich mit einer Hand die Grundierung meines Make-ups auftrug, rief ich mit der anderen die in meinem Handy eingespeicherte Taxinummer an. Scheiße, besetzt. Weiter gings mit Lidschatten und Wimperntusche. Immer noch kein Freizeichen. Und dann lag auch noch der verdammte Lippenstift nicht an seinem Platz. Ruhig, Brauner, versuchte ich, mich selbst wie ein Cowboy sein Pferd zu beruhigen. Die Zeit lief. Endlich die erlösende Stimme: »Taxifunk Berlin, was kann ich für Sie tun?«

Ich bestellte den Wagen und vergewisserte mich noch mal, dass er auch wirklich in 15 Minuten kam. Jetzt noch schnell Keili Keili unter den Armen und im Schritt. Leider waren meine Haare in der kurzen Zeit auch mit dem Ultra-Styling-Föhn nicht mehr in Form zu bringen. Half also alles nichts, der Fiffi musste her, meine aschblonde Echthaarpagenfrisur-Perücke. Hat mich ein Vermögen gekostet, aber in solchen Situationen bin ich echt froh drum. Ein letzter prüfender Blick in den Spiegel und dann ab in die Uniform.

Da klingelte es auch schon an der Tür. Die beleidigte Gräfin ließ sich nicht mehr blicken. Im Rausgehen hörte ich noch durch ihre geschlossene Zimmertüre, dass sie Gustav Mahler aufgelegt hatte. Die Kindertotenlieder. Nichts wie weg.

Atemlos ließ ich mich auf die Rückbank des Taxis fallen und hauchte nur noch »Tegel, Flughafen, so schnell wie möglich.«

»Fliegen können wir noch nicht«, bekam ich von einem recht gut aussehenden jungen Mann als Antwort. Doch in solchen Stress-situationen ist mir wahrlich nicht nach Scherzen zumute und ich ging nicht weiter darauf ein. Ich schloss lieber kurz die Augen, atmete tief durch und versuchte, mich zu sammeln. Okay, Renate, ermahnte ich mich, jetzt umschalten von Altenpflegerin auf Düse.

»Das macht 30 Euro«, holte mich die Stimme des Taxifahrers eine Viertelstunde später aus meinem Powernap. Inzwischen schon wieder etwas relaxter fiel mir sogar auf, dass er eine richtig gute Zahnversorgung hatte. Ob der auf Uniform steht?, dachte ich, denn er grinste mich von oben bis unten frech an, obwohl er bestimmt 15 Jahre jünger war, und dann kams: »Schicke Schuhe, wirklich.« Ach ja? Ich schaute an mir herunter und alles krampfte sich in diesem Moment in mir zusammen. Fassungslos starrte ich auf die altrosafarbenen Filzpantoffeln der Gräfin. Ach, du dickes Ei. Ich könnte sie umbringen. »Nur die inneren Werte zählen«, setzte der Taxifahrer noch einen drauf und zeigt noch einmal sein Prachtgebiss.

Ich zahlte kommentarlos, knallte die Autotür zu und versuchte, so unauffällig wie möglich den Crew Entrance zu erreichen. Was mache ich denn jetzt? Nur noch fünf Minuten bis zum Check-in. Das reichte vorn und hinten nicht, um neue Schuhe in der Ringeltaube oder im Crew Shop zu kaufen. Erst mal Augen zu und durch. Und so tun, als sei alles normal. Meine Lieblingsstrategie, die schon oft funktioniert hat, aber eben nicht immer.

Beim Screening kam natürlich die nächste blöde Bemerkung und man ließ mich mit Wonne meine Filzer ausziehen und in die Plastikwanne legen. Ich bewahrte mein Pokerface. Kein Kommentar, schließlich hatte ich es eilig. Und außerdem kann das doch jedem mal passieren, oder? Selbstbewusstsein ist alles.

In der Briefingwabe saßen bereits meine beiden Kolleginnen und bekamen einen Lachanfall, als sie mich sahen. Jetzt bloß keine Schwäche zeigen. »Blöd lachen kann jeder. Hat vielleicht jemand Ersatzschuhe dabei?«, rief ich stattdessen fröhlich in die Runde.

Sie verneinten gackernd. Als das Cockpit dann auftauchte, wurde das Problem immer größer. Die Sicherheit in der Kabine wäre nicht mehr gewährleistet, weder beim Service noch bei einer eventuellen Evakuierung, warf mir der Copi an den Kopf, so ein ganz Korrekter. So könnte ich unmöglich fliegen. Jetzt wurde es eng. Wenn ich nicht in kürzester Zeit ordentliche Schuhe an den Füßen hatte, konnte die Maschine nicht pünktlich starten und dann würde es teuer. Siedend heiß fiel mir die Crewkiste ein, wo wir vergessene Sachen sammeln. Vielleicht fanden sich ja dort zumindest ein Paar Ballerinas, die eine Kollegin liegen gelassen hat.

Tatsächlich zog ich ein Paar braune Mokassins aus der Box. Doch zu früh gefreut – Größe 36. Viel zu klein. Das ging selbst mit viel gutem Willen nicht.

Die Piloten hauten schon mal ab ins Cockpit. Mit solchen Weiberproblemen gaben sich die feinen Herren natürlich nicht ab. Sollten wir doch selber schauen, wie wir klarkamen. Reizend, was?

In diesem Moment betraten zwei Kolleginnen von der letzten London-Maschine den Crewraum. Die eine, Biggi, kannte ich seit Jahren. Sie hat mit mir mein erstes Survivaltraining in Rostock überlebt und ist ungefähr so groß wie ich, was darauf hoffen ließ, dass auch ihre Füße ungefähr so groß waren wie meine. Die schickte der Himmel. Sie gab mir auch sofort ohne viel Kommentar grinsend ihre Schuhe. Leider eine Nummer zu groß. Aber das war jetzt nicht der Augenblick, um kleinlich zu sein. Vorne ein paar Schminktücher reingestopft, und schon stöckelte ich, wenn auch ein bisschen wie auf rohen Eiern, los. Biggi schlüpfte lachend in meine Altrosafarbenen und schien sogar ganz happy über die bequemen, vorgewärmten Puschen. Ich hätte sie abknutschen können und drückte ihr einen Fuffi in die Hand fürs Taxi nach Hause. So, die Kuh war vom Eis und wir hoben pünktlich um 19.10 Uhr ab.

Voll equipt mit Pillbox auf dem Kopf und schwarzen Nappalederhandschuhen saß ich zufrieden auf meinem Jump Seat und wippte spielerisch mit dem etwas zu großen Schuh, als ich irgendwie das Gefühl hatte, beobachtet zu werden. Auf 1D saß ein Typ mit Hornbrille, Karosakko und leicht fettigen, zu langen Haaren.

»Kann ich irgendetwas für Sie tun?«, fragte ich, ganz die Souveräne.

»Ja«, hauchte er. »Dürfte ich mal Ihre Handschuhe berühren? Sie inspirieren mich so.«

Mir fiel glatt der zu große Schuh vom Fuß. Eigentlich hab ich auf so was immer eine passende Antwort, aber in diesem Fall konnte ich den Typen nur entgeistert anstarren und dümmlich grinsen. Das schien ihn wohl noch mehr anzumachen, denn er schob sich dezent die *Zeit* über die zu eng sitzende Jeans. Ich schaute schnell aus dem kleinen Fenster neben mir und fragte mich allen Ernstes, ob mir das in meinen rosafarbenen Puschen wohl auch passiert wäre …

6
BLINDENHUND

Berlin–Klagenfurt 6.10 Uhr. Ich war kein Morgenmuffel und bestens gelaunt, als ich in der Briefingwabe eintraf. »Irgendwelche Specials heute?«, schmetterte ich lautstark durch den Raum. Meine Kollegin Margret reichte mir eher verschlafen das Daily: ein Wheel Chair, zwei Infants unter zwei und ein Blind Passenger plus Guide Dog, was die korrekte internationale Bezeichnung für einen Blindenhund ist.

»Blinder Passagier an Bord! Kennt ihr den?«, schallte es von der Tür.

Die Stimme kannte ich doch – Fritsche flog den Vogel heute. Ich mochte ihn. Er war einer der wenigen glücklich Verheirateten, stets guter Laune und hatte immer einen Witz auf Lager.

»Also«, legte er sofort los. »Großes Passagierschiff … Der Steward kommt zum Kapitän und meldet: ›Blinder Passagier an Bord.‹ ›Schmeißen Sie ihn ins Wasser‹, antwortet der Kapitän. Nach einer viertel Stunde kommt der Steward zurück. ›Alles erledigt, Captain‹, salutiert er, ›aber sagen Sie mir, was mach ich jetzt mit dem Hund?‹«

Ich gackerte los, während Margrets Mundwinkel nur leicht zuckten und der Copi mit den Augen rollte. Natürlich wieder Hans Brenner. Komplett spaßbefreit, der Typ. Wie hält er das bloß aus? Ohne Humor ist der Dauerstress hier doch gar nicht zu ertragen. Da kriegt man schnell mal ein Magengeschwür oder noch schlimmer. Braucht man das? Nein. Dann schon lieber tiefe Krähenfüße um die Augen. Was solls!

Noch immer grinsend wackelte ich hinter den anderen her zur Maschine. Dort stand schon der Sanitäter und brachte mir den Blinden samt Schäferhund, Herrn Moser und Hank. Ich stellte mich den beiden vor, führte den älteren Mann zu seinem Sitzplatz und wies ihn vorschriftsmäßig gesondert in die Sicherheitsvorkehrungen ein. Ich erklärte ihm, wie viele Reihen vor ihm waren und wo sich der Notausgang befand. Wie man die Sauerstoffmaske aufsetzte, wo die Schwimmwesten waren und wie er seinen Gurt zu- und aufbekam. Als ich ihm den Knopf für die Leselampe zeigen wollte, schoss mir prompt die Schamröte ins Gesicht. Gut, dass er mich nicht sehen konnte. Vor dem Sprechen Gehirn einschalten, Renate! Er drückte mir jedoch verständnisvoll die Hand, und ich war sicher, mit dem würde ich keine Probleme haben. Doch weit gefehlt.

Hank musste noch einmal Gassi geführt werden, bevor wir starteten. Tja, was nun? Ich konnte ihn weder aufs Klo setzen noch ihm einen Pappbecher unters Schwänzchen halten. Wir waren noch mitten in den Überlegungen, als Witze-Fritsche sich anbot, den Hund mitzunehmen, weil er sowieso noch raus zum Outside-Check musste, sprich Reifendruck und Betankung überprüfen. Super Idee! Herr Moser dankte ihm und übergab Hank samt Blindenhund-Geschirr. Der wedelte mit dem Schwanz und die beiden zogen ab.

Was ich natürlich nicht bedacht hatte, war, dass die Passagiere vom Warteraum aus den Piloten, erkennbar an seinen vier Pommes am Ärmel, bei seinem Gang mit dem Blindenhund beobachten konnten.

Beim Boarding kam die Lawine dann ins Rollen. Aber volle Kanne! Einige Passagiere erkundigten sich besorgt, was denn mit dem Kapitän los sei. Und mir, frisch und munter und bester Laune an diesem Morgen, fiel nichts Besseres ein, als zu antworten:

»Jede Firma muss doch heute mindestens einen Behinderten einstellen. Sie fliegen eben heute mit einem sehbehinderten Kapitän. Aber keine Sorge, der Hund ist gut ausgebildet und hat alles im Griff.«

Sie starrten mich fassungslos an. Und ich zurück. Die werden mir das doch nicht abnehmen? Denkste! Ich merkte schnell, dass ich mich mit meiner großen Klappe schon wieder auf ganz schön dünnem Eis bewegte. Steuerte ich da vielleicht schon wieder auf die nächste Katastrophe zu?

»Wir steigen auf keinen Fall ein«, schrie eine Frau mit zwei Kindern an der Hand. »Das ist ja unverantwortlich, ich werde mich beschweren!«

Trotz der immer brenzliger werdenden Lage konnte ich nicht anders, als noch einen draufzusetzen. »Wieso denn?«, lächelte ich sie freundlich an. »Der Copilot kann doch sehen und das meiste erledigt heute sowieso die Technik.«

Die Frau zerrte ihre Kinder zurück in den Warteraum.

»Ich will sofort Ihren Vorgesetzten sprechen«, brüllte mir ein älterer Mann ins Ohr.

Ich deutete nur wortlos auf den Kapitän, der noch immer unten am Bugfahrwerk mit Hank stand und sich offensichtlich mit ihm angefreundet hatte. Der Schäferhund war inzwischen fertig mit seinem Geschäft und leckte Fritsche liebevoll die Hand.

Der Brüller erhob wieder seine Stimme und rief den anderen Passagieren zu: »Steigen Sie da bloß nicht ein!« Dann machte er auf dem Absatz kehrt und stiefelte ebenfalls zurück zum Warteraum. Der Rest der Passagiere kehrte nun auch um.

In dem Moment kam der muffige Copilot Brenner aus dem Cockpit, an diesem Morgen zum ersten Mal grinsend, allerdings mehr schadenfroh als freundlich, und reichte mir das Diensthandy.

»Hier ist das Operation Controll Center«, schallte es mir entgegen. »Sie sind wohl nicht ganz bei Trost. Bitte begeben Sie sich sofort zum Gate D15. Die Maschine nach München ist abflugbereit, die Kollegen warten aber auf Sie.«

Mir schwante Übles. Trotzdem frage ich noch mal nach: »On duty oder privat?«

Privat natürlich. Das konnte nur eins bedeuten: Kaffee ohne Kekse, wie wir die Einladungen zum Personalgespräch nannten. Einen Ersatz für mich hatte man offensichtlich schon organisiert. Ich gab das Handy zurück und ging schwer gebeutelt mit gesenktem Kopf durch das Boarding Gate. Es war der reinste Spießrutenlauf, als ich an den Passagieren der Klagenfurt-Maschine vorbei musste. Keiner von ihnen schien auch nur einen Funken Humor zu besitzen. Im Gegenteil, sie beschimpften mich teilweise übel und machten mich lautstark und wüst für die unnötige Verspätung verantwortlich.

Dafür klopften sich die Kollegen von der München-Maschine, die schon alle Bescheid wussten, sprichwörtlich auf die Schenkel.

»Ein bisschen Spaß muss sein, dann ist die Welt voll Sonnenschein«, trällerte mir ein schwuler Steward schon von Weitem entgegen.

Die hatten gut lachen und ich konnte es ausbaden. Wie ein angeschossenes Reh verzog ich mich in die letzte Reihe. Der Einlauf, der mir jetzt bevorstand, würde bestimmt schmerzvoll sein.

Der Steward brachte mir zur Nervenberuhigung zwei Schokoriegel.

»Die werden dich schon nicht gleich schassen. So eine Vorlage kann man sich schließlich nicht entgehen lassen.«

Da hatte er eigentlich recht, oder? Trotzdem wünschte ich mir, ich hätte mein Mundwerk manchmal besser im Griff. Vielleicht sollte ich umschulen auf Komikerin? Wäre immerhin eine Option. Aber ob das Arbeitsamt mir das bezahlte und dann in meinem Alter? Ich kämpfte echt mit den Tränen. War ich überhaupt zu irgendwas geeignet?

Der Steward, ganz der Sensible, streichelte meine Hand. »Ich kenne das. Es gibt so Tage. Glaub mir, auch die gehen vorüber.«

Doch dieser zog sich auf unangenehme Weise in die Länge.

Im Personalbüro in München ließ man mich zwei Stunden warten. Aber wenigstens hatte ich so noch mal ausführlich Zeit, mir ein paar Ausreden einfallen zu lassen.

Nach der dritten Flasche Mineralwasser, ich hatte schon Frösche im Bauch, wurde ich endlich reinzitiert.

Die Personalchefin, ein älteres Kaliber, vollschlank mit schwarzer Kastenbrille, kannte ich bereits. Auf der einen Seite mochte sie mich und auch meinen Humor, andererseits war es natürlich ihre Aufgabe, die Interessen der Airline zu wahren.

Ohne sie überhaupt zu Wort kommen zu lassen, legte ich sofort los und stritt, wie das so meine Art ist, erst mal alles ab. Es wäre alles ein riesiges Missverständnis gewesen und das mit dem Behinderten war doch gar nicht so gemeint. Von einem blinden Kapitän hätte ich nie gesprochen, nur von einem Copi, der sehen kann.

Sie sah mich mit durchdringendem Blick an, glaubte mir natürlich kein Wort und ließ mich dann psychologisch geschult voll auflaufen.

Ich redete mich um Kopf und Kragen, merkte dann aber schnell, dass ich aus der Nummer nicht so schnell rauskam. Also gab ich bald auf und war innerlich gefasst auf die Höchststrafe.

Da nahm sie schließlich ihr teures Designermodell ab, und ich sah an ihren Augen, dass sie mich letztlich nicht auf die Straße setzen würde. Doch sie ließ mich trotzdem noch eine Weile zappeln. Ein Eintrag in die Personalakte war allerdings nicht zu vermeiden. Und in meinem Fall bedeutete das bereits den zweiten Eintrag in kürzester Zeit. Beim dritten war der Drops gelutscht. Für die nächsten zwei Jahre sollte ich jetzt mal besser die Arschbacken zusammenkneifen, denn erst dann wurden vorhandene Einträge gelöscht. Ich nickte nur demütig und setzte meine Unterschrift auf das Gesprächsprotokoll.

»Ich sage mal besser nicht Auf Wiedersehen«, verabschiedete mich die Personalchefin und hatte wieder das leichte, kaum wahrnehmbare Funkeln in den Augen.

»Ist bestimmt besser so«, murmelte ich und machte, dass ich rauskam.

Noch 20 Minuten bis zum nächsten Flug back to »Bärlin«.

What a day!

7
WOLGA-OLGA

Ich checkte im Intranet meinen Duty Plan für Februar. Es war schweinekalt in Deutschland und ich hatte bei der Crewplanung mal einen bescheidenen Request gestellt auf Overnight Kanaren. Aber da war ich sicher nicht die Einzige. Meistens erfüllen sie einem ja Wünsche dieser Art, die nach Seniorität-Liste vergeben werden, und natürlich danach, wie man sich so führte. Das minderte natürlich meine Chancen ungemein, aber man soll die Hoffnung ja nie aufgeben.

Als ich nach drei Sicherheitsstufen mit verschiedenen PIN-Eingaben und Passwörtern endlich auf meiner Seite gelandet war, wurde mir sofort eiskalt. Dreimal Moskau! Wollten die mich abschleifen? Das war die absolute Höchststrafe. Ich will ja nicht »russistisch« sein, aber dieses Volk mit mehr Wodka als Blut in den Adern ist schon ganz speziell. Kein Lanzarote, kein Teneriffa, kein Gran Canaria, dafür einmal Keflavík, Stockholm und zwei Nachtflüge Priština – da hatte es mal wieder jemand so richtig gut mit mir gemeint. Ich musste unbedingt bei den Mädels vom Crewing vorbeieiern und einen Bestechungskuchen Möhre-Walnuss vorbeibringen. Oder sollte ich ihnen einen Satz Matroschkas mitbringen? Sozusagen als Wink mit dem Zaunpfahl.

3. Februar 14.20 Uhr TXL/DME, sprich Spätdienstkette (wenigstens das) Berlin–Moskau. Nicht Russendisco, sondern Russencharter. Es ging schon mal gut los. An mir wanderten ungefähr dreimal so viel Duty-Free-Tüten mit Wodka und Rotwein vorbei als Passagiere. Und von wegen Steppenvolk, Taiga und so, die tragen heute alle Montclair, Woolrich und Burberry. Nur von anständigem Hairstyling schienen sie noch nichts gehört zu haben. Ist auch schwierig bei den flachen Hinterköpfen. Ich hab mal gehört, dass russische Mütter ihre Babys zu lange auf dem Rücken liegen lassen, weiß aber nicht, ob das stimmt.

Fast alle Frauen benutzen Angel von Thierry Mugler oder Poison von Dior. Wenn ich das schon von ferne schnuppere, krieg ich einen Niesanfall. Russinnen sind meist auch wandelnde Weihnachtsbäume.

Manchmal glaube ich, dass sie allen Schmuck (nicht immer echt), den sie besitzen, auf einmal tragen. Und ihr Make-up kommt sowieso nur in der Superlative daher. Schillerndes Blau, Smaragdgrün mit Glitzersternchen beklebt, lange Wimpernwelle, die Lippen aufgespritzt und mit klebrigem Gloss bestrichen. Zu manchen möchte man wirklich wie Loriot sagen: Nehmen Sie doch mal die Maske ab! Man erkennt sie auch an ihren »Arsch-frisst-Hose-Leggings«, meistens im Tigerlook, dazu werden meist High Heels mit Goldabsätzen getragen. Sollen ja bei Männern augenblicklich das Gehirn in die Hose rutschen lassen. Wird mir immer unbegreiflich bleiben.

Eines dieser Exemplare, mit Chihuahua im Arm samt Guccimäntelchen, lief, in hartem Russisch in ihr iPhone schreiend, an mir vorbei. Ich wurde gleich mal in eine Wolke Parfüm gehüllt und musste glatt dreimal niesen. Vorsichtshalber checkte ich mal ihre Bordkarte und schickte sie gleich wieder nach vorne. Offensichtlich hatte sie Reihe 12 mit 2 verwechselt, wo sie eigentlich saß. Jetzt hieß es gegen die Masse nach vorne zurückzuschwimmen. Gar nicht so einfach, Madame war dazu jedenfalls nicht in der Lage und drückte mir panisch ihren Hund in die Hand. Der pinkelte mir auch prompt auf die Uniformbluse. Lecker.

»Der Hund muss sofort in Ihre Tasche«, forderte ich sie, so freundlich wie es mir in diesem Moment möglich war, auf.

Die Russin schüttelt jedoch vehement den Kopf: »Njet!«, und dann prasselte ein Schwall russischer Worte auf mich herab, was nicht gerade danach klang, als ob sie meiner Anweisung Folge leisten wollte.

Obwohl ich im wahrsten Sinne des Wortes angepisst war, führte ich sie ruhig zu ihrem Platz und forderte sie dann noch mal auf, ihren Köter endlich in die Tasche zu packen. Sie redete jedoch nur erneut wasserfallartig auf mich ein. Was wollte die Alte bloß?

Ein russischer Passagier mit guten Deutschkenntnissen erbarmte sich schließlich meiner und übersetzte, dass die kleine Bodenwurst Platzangst hatte und wahrscheinlich auch Flugangst.

Der Köter brauchte den direkten Körperkontakt mit seinem Frauchen, sonst würde er den Flug nicht überleben. Zur Bestätigung hielt mir die Russin das zitternde Bündel mitleidheischend entgegen. Ich bin ja wirklich eine Tierfreundin, aber aus gerade erwiesenen hygienischen Gründen ist es eben vorgeschrieben, dass Kleintiere in der Kabine nur in wasserdichten Boxen oder Taschen transportiert werden dürfen. Da gibt es keine Ausnahmen.

Doch da die Dame auch nach dreimaliger Aufforderung keinerlei Einsicht zeigte, schnappte ich mir das Minireh, öffnete die gegenüberliegende Toilettentüre und hielt das winselnde Etwas über die Kloschüssel.

»Wenn das Vieh nicht sofort verstaut wird, spüle ich es runter«, schleuderte ich ihr drohend entgegen.

Starr vor Entsetzen sah sie den russischen Geschäftsmann an, der mit tonloser Stimme übersetzte. Daraufhin fuhr sie gellend auf, riss mir den Pinscher aus der Hand, dem vor Angst die überquellenden Augen fast aus dem Köpfchen sprangen, und packte ihn postwendend in die Tasche.

So, das war erledigt.

Jetzt nur noch schnell die Bluse wechseln. Als vorbildliche Stewardess hat man schließlich immer Ersatz in der Handtasche. So einen kleinen Wodka hätte ich auch vertragen können, doch dafür war leider keine Zeit. Die Russin hatte mein ganzes Zeitmanagement durcheinandergebracht. Mir blieben nur noch wenige Minuten für den leidigen Handgepäck-Check. Ich spurtete also los.

Am Notausgang saß ein älterer Herr, der noch einen Plastikbeutel neben sich liegen hatte. Ich wollte ihn gerade nach oben legen, als ich merkte, dass da noch was dranhing. Nämlich ein Schlauch, der mit dem Mann verbunden war. Und der sah mich mit schmerzverzerrtem Gesicht an. Erst bei genauerem Hinsehen wurde mir klar, was ich da in der Hand hielt. Shit. Nein! Seinen Urinbeutel. Ich legte ihn schnell zurück und entschuldigte mich peinlich berührt. Ein Unglück kommt eben selten allein.

Der weitere Flug verlief ohne Zwischenfälle. Wir landeten pünktlich 20.10 Uhr Ortszeit in Moskau.

Beim Aussteigen zeigte mir die Russin in Form ihres ausgestreckten Mittelfingers noch einmal ihre tiefe Zuneigung. Und der Chihuahua kläffte zustimmend.

Die Meute war kaum draußen, da hievte sich unsere gute alte Bekannte, die Dispatcherin Wolga-Olga, die Treppen hoch. Sie war verantwortlich für alles, was am Boden anfiel. Beladungsmenge des Flugzeugs, Specials an Passagieren und auch für das Wohlergehen der Crew. Unsere Jungs gingen immer in Deckung, wenn sie nur auf dem Vorfeld auftauchte. Besonders Andreas, der mit ihr schon ein paar Mal Kaviar essen war, aber die Konsequenzen jetzt nicht tragen wollte. Olga wünschte sich nämlich nichts sehnlicher als einen strammen deutschen Ehemann. Und Andreas hatte natürlich, als es mit ihr aus war, sein Fangeisen in der Sakkotasche verschwinden lassen.

Er flehte mich also kleinlaut hinter abgeschlossener Cockpittür via Interphone an, die Dame doch um Himmels willen auszubremsen. Pass und Papiere schob er mir unter der Türe durch. Oh Mann, was für ein Flachstruller! Die Typen heute haben einfach keinen Arsch mehr in der Hose.

Da kam Olga auch schon angewackelt mit ihren weißen Plastikstiefeln und ihrer rosafarbenen, viel zu engen Uniformbluse, die sie wie eine Presswurst aussehen ließ. Darunter schimmerte ein roter BH, der nicht nur ihre ausladenden Hupen, sondern auch den saftigen Rückenspeck besonders gut hervorhob.

Natürlich wollte sie sofort zu Andreas, schob mich zur Seite und warf sich mit ihrem vollen Gewicht gegen die Cockpittür. Die sind seit dem 11. September aus Stahl und so holte sich die Gute erst mal einen blauen Fleck.

»Andruschka«, rief sie in der typischen russischen Mixtur aus Schmerz und Sehnsucht und hämmerte dann, als keine Antwort kam, liebestoll gegen die Tür. Von der anderen Seite war nicht ein Mucks zu hören.

»Andreas schläft«, versuchte ich, den Alten rauszuhauen. »Hat Ohrstöpsel drin. Macht einen Powernap.« Oh Mann, der Typ war mir jetzt echt was schuldig. Olga beruhigte sich etwas, wurde dann aber wieder misstrauisch.

Schnell fragte ich nach dem Cleaning Personal, was tatsächlich immer noch nicht erschienen war. Tja, da musste sie sich jetzt kümmern. Außerdem würden wir sechs Tonnen Kerosin brauchen. Sie funkelte mich wütend an und bellte dann: »Cash oder Kreditkarte?«

Tja, 'n Koffer mit 25.000 Euro hatte ich gerade nicht bei mir und die Firmenkreditkarte war bei Andreas hinter verschlossener Tür. Jetzt musste er wohl aus seinem Bau kriechen. Doch solange Wolga-Olga hier herumwirbelte, würde er das nicht tun.

»Ich kümmere mich darum«, erwiderte ich. »Und Sie sich bitte um das Cleaning Personal.«

Sie schwang nun ihre Hüften wirklich die Treppe hinunter und rief der gerade ankommenden Putzkolonne irgendwas mit *dawei* und *rabota* zu, während ich den Türcode zum Cockpit eingab, wo Andreas ängstlich in seinem Sitz kauerte. »Ist sie weg?«

»Ich brauch die Firmenkreditkarte, und das schnell, wenn du hier heil vom Hof kommen willst.«

Er sah mich einen Moment peinlich berührt an.

»Na was ist?«, versuchte ich, ihm Dampf zu machen. »Wolga-Olga brennt. Und die fackelt nicht lange.«

»Da haben wir jetzt ein richtiges Problem«, erwiderte er kleinlaut.

»Wieso?« Ich schaute ihn fragend an.

»Ich habe heute Morgen meine Brieftasche zu Hause liegen lassen. Mit allen Karten, auch der Firmenkreditkarte.«

Oh Manno, und so was fliegt einen Airbus. Es ist schon erstaunlich, was für Typen ich so mein Leben anvertraue.

»Und du? Was ist mit dir?«, haute ich den Copiloten an, in der Hoffnung, um eine Nacht im Schimmelbunker Metropol herumzukommen.

»Ich habe keine Kreditkarte«, erwiderte er kleinlaut. »Kann ich mir nicht leisten.«

Na super. Ich grinste Andreas frech an. »Vielleicht willst du den Sprit ja bei Wolga-Olga abarbeiten?«

Kein Kommentar.

»Und du? Hast du nicht eine dabei?« Andreas sah mich hoffnungsvoll an. »So als Fashion Victim … die Karte muss doch bei dir im Strumpfband stecken … nein?«

Ich hätte ihn auf der Stelle würgen können. Jetzt wollten die mir doch glatt die Spritrechnung aufhalsen. »Das könnt ihr total vergessen, bei 5.000 Euro ist Sense bei mir«, rief ich voll empört.

»Das schnallen doch die Russen nicht«, meinte der Copi. Ganz offensichtlich hatte auch er keine Lust auf die bekannte Moskauer Milbenhochburg, wo man uns schon so einige Nächte hat leiden lassen. Seit ich dort mal eines Morgens mit Krätze aufgewacht war, stopfte ich jetzt immer vorher das Kopfkissen in den Minibarkühlschrank, damit sämtliche Untiere dort erfroren.

Ich knickte voll ein. »Okay, überredet!« Sah ich da vielleicht so was wie Dankbarkeit in den Gesichtern der Jungs? Nein, natürlich nicht. Muss an der Spiegelung gelegen haben. Sie schubsten mich aus dem Cockpit und machten wieder alle Schotten dicht.

Keine Sekunde zu spät, denn Olga nahte schon wieder im Stechschritt. Ich streckte ihr meine Kreditkarte von der Berliner Sparkasse hin und schaute, dass ich ihr aus den Augen kam. Sie hielt mich jedoch am Arm fest und drückte mir ein Päckchen mit roter Schleife in die Hand.

»Kaviar für Andruschka«, flüsterte sie zärtlich.

Ich sah sie nur entgeistert an. Liebe macht tatsächlich blind. Ich switchte auf »Mitleid« und stecke die Fischeier in meine Tasche. Irgendwie musste mein Einsatz ja auch honoriert werden.

Das Ganze hatte trotzdem noch ein kleines Nachspiel. Als ich mit meiner Kreditkarte am nächsten Tag am Automaten Bargeld ziehen wollte, war Schicht im Schacht. »Leider keine Auszahlung möglich. Bitte wenden Sie sich an Ihr kontoführendes Geldinstitut.« Na toll!

Ich konnte mir nicht mal mehr ein S-Bahn-Ticket kaufen und musste schwarz zum Flughafen fahren. Und das bei der immer höher werdenden Kontrolettidichte in Berlin.

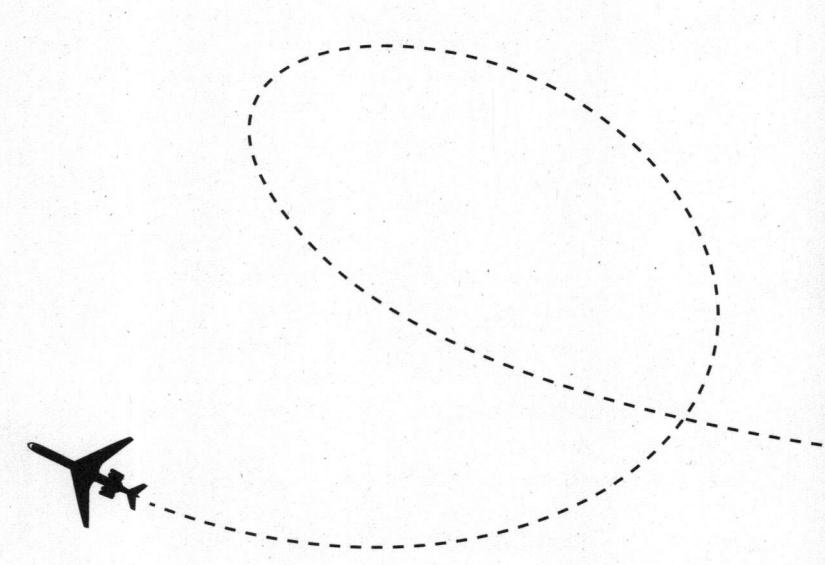

8

HARTES TRAINING

Es war mal wieder so weit. Das jährliche Recurrent Training stand an. Letzte Woche hatten wir schon Rettungsschwimmertraining im Krumme Bad.

Für zwei der Flugbegleiter war hier bereits Endstation, denn es stellte sich heraus, dass sie gar nicht schwimmen konnten! Tja, Lügen haben eben doch kurze Beine – ihren Job waren die zwei jedenfalls los. Wir anderen mussten wieder alles geben. Ich hasste es. Vor allem den Sprung vom Dreimeterbrett. Da hat es mir schon beim letzten Mal die Schwimmweste voll ins Gesicht gehauen und ich war mit einer blutigen Lippe aus dem Becken gestiegen. Ziemlich albern war auch wieder die Übung »Haie vertreiben«, wobei in so einem Chlorteich natürlich der Ernst der Lage nie rüberkommt. Baut aber Aggressionen ab, wenn man sich mit den Kollegen unterhaken, einen Kreis bilden, hektisch mit den Füßen paddeln und laut kreischen muss. In so einem halligen Schwimmbad fliegt einem da beinahe das Trommelfell weg. Aber schließlich weiß man ja nie, ob nicht doch der Ernstfall eintritt.

Das sogenannte Ditching, spezielles Training für Notwasserung, war da schon realistischer. Es sollte in Rostock in der Ostsee stattfinden, dort, wo das Wasser besonders kalt ist. Ich als Frostbeule würde wieder rumlaufen wie der blaue Klaus. Leider teilten sie uns immer in sehr kleine Gruppen ein, sodass es auffallen würde, wenn ich da nicht mitmachte. Außerdem war es eine dienstliche Anweisung. Und nur wer erfolgreich teilgenommen hatte, erhielt die Fluglizenz fürs nächste Jahr.

Wie für einen Familienausflug wurde unsere Gruppe, bestehend aus drei Düsen, zwei Tucken und zwei Streifenhörnchen, mit einem Minibus von Tegel frühmorgens um sieben nach Dunkeldeutschland gekarrt, die Stimmung dementsprechend. Sogar die Tucken kriegten den Mund noch nicht auf. Draußen wehte ein ganz schön starker Wind und mir graute jetzt schon vor den großen Wellen.

Aus Erfahrung klug, war ich letzte Woche noch ein paar Hanteln stemmen und hatte heute Morgen eine extra Portion Müsli verdrückt. Denn nichts ist schlimmer, als kraftlos ins kalte Wasser zu springen.

Wenn ich mir da die junge Kollegin neben mir ansah, die bestimmt nur mit O-Saft getränkte Wattebällchen gefrühstückt hatte, überkam mich sogar ein mir sonst eher fremdes Gefühl des Mitleids. Auch die beiden Tucken machten diese ganz spezielle Form der Sommerfrische zum ersten Mal mit und hatten wahrscheinlich keine Ahnung, was da auf sie zukam. Mit von der Partie auch Breitling, der neben mir saß und tiefenentspannt schnarchte, eine Altdüse und last but not least mein alter Freund Andreas. Na, der würde kein Problem haben – Fett schwimmt schließlich oben.

Ankunft im Hafen. Das Training wurde von der Bundeswehr geleitet und zusätzlich von der Wasserwacht unterstützt. Zwei Marineoffiziere holten uns ab. Der eine eher schmalbrüstig, der andere ein einziger Muskelstrang. Ich wusste sofort, an den würde ich mich ranklemmen, damit es auch für mich noch ein Morgen gab.

Ich ging schon mal gleich in die volle Charmeoffensive, sah ihm tief in die Augen und signalisierte Paarungsbereitschaft. Er reagierte leicht verwirrt und lief sogar rot an. Mein Gott, wie süß! Der würde mich schon mal nicht absaufen lassen.

Andreas wirkte angesäuert und versuchte gleichzeitig, sich das nicht anmerken zu lassen.

Im Schulungsraum, wo auch die Neoprenanzüge hingen sowie das gesamte Rettungsequipment, war jetzt erst mal voll die Strip-Show angesagt. Männlein und Weiblein wurden nicht getrennt, was mir nur entgegenkam. Ich platzierte mich direkt neben dem Muskelstrang, der mir verschämt gestand, dass er Falko hieß, und gab alles. Geschmeidig schälte ich mich aus meiner Jeans und knöpfte mir à la *Neuneinhalb Wochen* erotisch die Bluse auf.

Im Gegensatz zu meiner gleichaltrigen Kollegin, die einen ausgeleierten Adidas-Badeanzug trug, hatte ich mir, clever wie ich nun mal bin, für diesen Anlass einen sündhaft teuren Skyfall-Bikini vom KaDeWe geleistet. Er verfehlte seine Wirkung nicht. Weder bei Falko noch bei Andreas, der in seinen TMC-Boxershorts und den schwarzen Socken aussah wie ein Sextourist auf dem Flug nach Bangkok. Auch Young Anorexia in ihrer H&M-Unterwäsche konnte hier nicht punkten und würde mir nicht ins Gehege kommen.

Die beiden Tucken hatten sich in eine dunkle Ecke zurückgezogen, trotzdem erspähte ich bei einem das Arschgeweih über dem String. Durfte der das überhaupt? Soviel ich weiß, sind Tattoos bei Flugbegleitern ein dickes No-Go. Na ja, die Hose runterlassen muss man ja nur in den seltensten Fällen.

Als ich mit ansehen musste, wie die Neoprenanzüge mit kaltem Wasser abgespritzt wurden, damit man erstens besser reinkam und sich zweitens gleich mal mit der Meerestemperatur vertraut machte, wurde mir ganz anders. Meine Nippel waren jetzt schon steif, allerdings hatte das in diesem Moment nur wenig mit Falko zu tun, der mir half, den Reißverschluss zuzumachen, und dabei, bestimmt nicht unabsichtlich, meinen Po streifte.

»Wenn du mir da draußen auf hoher See ein bisschen unter die Arme greifst, könnten wir ja später noch zum Aufwärmen in die Sauna gehen«, raunte ich ihm ins Ohr und hauchte ein wenig warmen Atem hinterher.

Er ließ sich, ganz der Gentleman, erst mal nichts anmerken, aber zwinkerte mir beim Rausgehen verschwörerisch zu. Andreas schnaubte schon wieder wie ein Nilpferd.

Wie eine Truppe von Tiefseetauchern marschierten wir nun hintereinander her zur Hafenmole, wo ein aufgemotzter Kutter auf uns wartete.

Windstärke drei brachte den Kahn sofort zum Schaukeln. Die Anorektische beugte sich schon nach kurzer Zeit über die Reling und gab ihre Wattebällchen von sich.

Ich schaute lieber nicht näher hin und praktizierte Mundatmung. Die Vorfreude wurde bei allen Beteiligten immer größer. Nur die beiden Marines standen mit stoischer Miene, wie die Galionsfiguren, vorne am Bug.

Schon nach kurzer Zeit erreichten wir die für uns vorbereiteten Rettungsinseln aus Hartgummi. Der Rand kam mir noch höher vor als letztes Jahr. Da wuppe ich mich doch allein nie rein! Gut, dass ich bei meinem Marinesoldaten schon eindeutige Signale gesetzt hatte und mir damit die Peinlichkeit ersparte, wie ein Affe am Schleifstein festzuhängen.

Falko sprang kopfüber von einer Plattform an der Seite des Kutters ins Wasser, erreichte mit einigen Kraulzügen die Insel und war mit einem Satz drin. Hut ab.

Jetzt waren wir dran. Andreas meldete sich als Erster. Wollte er mir damit imponieren? Ich war gespannt, wie er seine Fülle da reinhieven wollte. Hoffentlich kenterte das Ding nicht. Aber erstaunlicherweise schaffte er es ohne große Mühe. Breitling war der Nächste, ging wie ein Gockel in Stellung und erreichte im sportlichen Kraulstil die Insel. Dann stieß er jedoch wegen des hohen Wellengangs voll mit dem Kopf an den Rand der Insel und ging unter wie ein Stein. Gefühlte zwei Minuten tauchte er nicht mehr auf. Warum tat denn niemand was? Oder wollte der uns verarschen? Falko machte sich schon bereit, ihm hinterherzujumpen, als Breitling prustend und schnaubend an der anderen Seite der Insel auftauchte.

Der Seegang wurde immer heftiger, der Wind immer kälter. Die beiden Tucken weigerten sich zu springen und wagten es erst, als man ihnen zugestand, gemeinsam ins Wasser zu springen. Wie Hanni und Nanni ergaben sie sich Hand in Hand ihrem Schicksal.

Auch sie hielten sich nur mit großer Mühe über Wasser und kletterten dann, sich gegenseitig stützend, auf das schwankende Gummiteil. Wenn das keine Liebe war.

Ich fühlte mich immer elender, zumal ich bis zum bitteren Ende mit ansehen musste, wie sich da alle einen abkrampften. Aber ich hatte beschlossen, als Letzte zu springen. Dann saßen die anderen bereits völlig geschafft auf dem nassen glitschigen Gummiboden, hielten sich aneinander fest und keiner würde sich mehr für mich interessieren. Meine Rechnung ging auf. Ich hatte die Insel noch nicht ganz erreicht, da sah ich schon Falkos muskulösen Arm über der Außenwand hängen, und schwups war ich ohne Mühe über den Rand geglitten. So schnell hatte ich diese Übung noch nie hinter mich gebracht.

Doch ich hatte mich zu früh gefreut. Es ging gleich wieder rein ins Wasser und diesmal war ich die Erste. Neben uns kreiste inzwischen ein Hubschrauber, der ein Rettungsseil ins Wasser ließ, an dem eine Art Hose angebracht war. Da musste man rein und sich hochziehen lassen. Okay, dann mal los. Diesmal streckte sich mir keine rettende Hand entgegen. Wenn das mal gut ging. Falko warf mir einen aufmunternden Blick zu.

Ich schloss die Augen, hielt mir die Nase zu und sprang. Immer wieder schwappten die Wellen über meinem Kopf zusammen, bevor ich endlich die Rettungshose zu fassen bekam. Die Schwimmweste rutschte mir über Nase und Augen, dass ich gar nicht richtig sehen konnte, wo die beiden Löcher waren, in die man die Beine stecken musste.

Ich war noch nicht richtig drin, als ich bereits hochgezogen wurde. Dann kam, was kommen musste: Aus circa drei Meter Höhe segelte ich wieder aus der Hose und knallte wie ein Sack aufs betonharte Wasser. Verdammt! Wie das wohl ausgesehen haben muss. Und bestimmt hatten die sich auf der Insel vor Schadenfreude gekugelt.

Die Weste holte mich wieder hoch wie ein Flummi. Ich hustete und spuckte Liter von Salzwasser aus.

»Und jetzt das Ganze noch mal von vorne«, schrie mir Falko aufmunternd über das Megafon zu. Tja, ich hatte wohl keine andere Wahl, wenn ich hier wieder rauskommen wollte. Also noch mal rein in die Hose, die bereits wieder neben mir baumelte. Diesmal gelang es mir auf Anhieb, und ich erreichte unbeschadet, wenn auch mit einem leicht flauen Gefühl im Magen, den Helikopter. Dort wurde ich zwar nicht mit einem steifen Grog empfangen, dafür immerhin mit einer warmen Decke. Ich war fix und foxy. Mir reichte es. Ich fühlte mich wie ein Eiszapfen.

Erst als ich später neben dem auch untenrum gut gebauten Falko in der Sauna saß, taute ich langsam auf. Seine Hand auf meinem Schenkel trug noch dazu bei. Dass mir noch mal so heiß werden würde, hätte ich mir jedenfalls vor ein paar Stunden nicht vorstellen können. Falko entschädigte mich jedoch für alles und so sah ich dem folgenden Tag unverzagter entgegen.

Da Flugzeuge nicht nur ins Wasser stürzen, sondern manchmal auch brennen können, musste auch dafür der Ernstfall geprobt werden.

Und so standen wir am nächsten Morgen wieder am Start. Ich war zugegebenermaßen noch etwas wackelig auf den Beinen, als wir im Rostocker Trainingszentrum Aufstellung nahmen, Falko dagegen strahlte maskulin. Wir trugen alle weiße Overalls, damit wir unsere eigenen Klamotten nicht ruinierten, und sahen aus, als ginge es gleich ab ins Atomkraftwerk.

Erster Übungspunkt war die Evakuierung der Kabine, wofür eine lebensechte Attrappe inklusive Cockpit hinter uns aufgebockt war. Doch bevor es ernst wurde, gingen wir erst mal das gesamte Rettungsequipment der Reihe nach durch: Megafon, Feuerlöscher, Crewschwimmwesten, Crash Axe, Atemmasken, Taschenlampen und Handschellen für übergriffige Passagiere. Falko wollte Letztere natürlich an mir demonstrieren – ich konnte gar nicht so schnell schauen, da hatte er mich schon professionell auf die Matte gedrückt, meine Arme auf den Rücken gedreht und mir in null Komma nix die Handschellen anlegt. Die Nummer war leider letzte Nacht nicht zum Einsatz gekommen. Jetzt konnte ich auch verstehen, warum die Dinger an Bord immer so oft verschwinden.

Die beiden Tucken bestanden diese Aufgabe mit Bravour, was keinen besonders wunderte. Die Anorektische, die offensichtlich Judo oder irgendeine andere Kampfsportart beherrschte, legte den verblüfften Andreas in einer Sekunde flach. Breitling sah sie sichtlich bewundernd an. Stand der vielleicht auf Dominas? Sollte sich da was anbahnen?

Anschließend gings rauf in die Kabine. Jeder musste den 18 Kilo schwere Overwing Exit herausheben. Mir fiel das Ding natürlich prompt auf den Fuß, was mich erst mal für ganze 15 Minuten ausknockte. Also ab auf die Reservebank.

Die anderen übten inzwischen das Evakuieren der Passagiere über die Notrutschen. Die üblichen Kommandoblocks schallten durch die Halle. Die Nachwuchs-Domina nahm zu viel Fluggeschwindigkeit auf und segelte fast raus. Breitling fing sie behutsam auf. Also doch!

Als das überstanden war, sollten wir aus dem offenen Cockpitfenster klettern und uns an einem Seil fünf Meter nach unten lassen. Das bedeutete, sich zuerst mit dem Popo auf den Fensterrand zu setzen, das Seil zu greifen, den Oberkörpers nach vorne zu schwingen, die Beine nachzuziehen und sich dann am Seil runterzulassen. Leider hatte ich vergessen, Handschuhe anzuziehen, verbrannte mir durch die Reibung fast die Pfoten und ließ viel zu früh los. Damit hatte der nette Hausmeister, der unten stand, um uns aufzufangen, nicht gerechnet, als plötzlich 60 Kilo auf ihn niederschmetterten. Anschließend brauchte er ebenfalls eine Pause auf der Reservebank.

Nächster Punkt Pilot Incapacity. Das hieß, ein angeschlagener Pilot musste aus seinem Sitz mit dem speziellen Rautekgriff in die Galley geschleppt werden. Falko wählte dafür Andreas als Piloten und die beiden Tucken als Helfer aus. Ersterer war natürlich wenig begeistert und ließ zur Abschreckung erst mal einen krachen, sodass die beiden hysterisch nach einer Atemmaske schrien.

Damit waren sie immerhin schon mal gut vorbereitet für die Rauchkammer. Dort ging es nämlich als Nächstes rein. Aus einem stockdunklen, mehrfach gebogenen Schlauch von circa einem Meter Durchmesser, in den Kunstnebel geblasen wird, sollten wir einen 60 Kilo schweren Sandsack rausziehen. Und das mit Atemmaske auf und Taschenlampe in der Hand. Gar nicht so einfach, denn man verliert ziemlich schnell die Orientierung. Ich konnte kaum atmen, hatte dauernd das Bedürfnis, mir die blöde Maske runterzureißen, und konnte vor allem diesen verdammten Sack nicht finden. Wollten die mich verarschen? Ich wusste ja, dass die alles draußen auf einem Monitor mitverfolgten.

Entspann dich, Renate! Ich setzte mich auf meinen Hintern und atmete tief durch. Danach merkte ich erst, worauf ich saß, und schleppte dann das Teil triumphierend nach draußen. Leider gingen meine frisch lackierten Schellac Nägel dabei vollständig zu Bruch. Mit Kollateralschäden muss man in diesem Job immer rechnen.

Als endlich der praktische Teil zu Ende war, fühlte ich mich abgerockt wie eine Trümmerfrau. Doch das wars noch lange nicht. Jetzt ging es auch noch ab auf die Schulbank und wir sollten wie die Pennäler einen schriftlichen Test runterreißen. 80 Prozent mussten stimmen, sonst alles noch mal von vorne.

Ich sandte ein kleines Stoßgebet nach oben. Auch wenn ich mir nicht so sicher war, ob da wirklich jemand saß, der gerade mich im Auge hatte.

Schien aber zu klappen, denn ich brachte es auf 81 Prozent.

Das musste natürlich gefeiert werden und ich wusste auch schon mit wem. In meiner Handtasche klapperten die Handschellen. Ich hatte mir einfach nicht verkneifen können, die mitzunehmen.

9

RACHE IST SÜSS

Er fiel mir schon beim Boarden auf. Gute Figur, braune Locken, blaue Augen, jungenhaftes Grinsen. Der war bestimmt schon vergeben. Aber wahrscheinlich würde mir das nicht mal was ausmachen. Wäre ja nicht der erste verheiratete Mann in meinem Leben. Als Düse ist das fast schon normal. Denn so eine Beziehung mit gemeinsamem Frühstück, Bausparvertrag, Kindern und Wochenendhäuschen auf dem Land passt einfach nicht in unser Lebensprogramm.

Erste Tuchfühlung hatten wir bereits auf dem Weg zur Startbahn. Rüdiger dachte wohl schon wieder, er wäre bei der Formel 1 und ging schnittig in die Kurven, dass es mich während der Safety Demo schon mal in die richtige Reihe schmiss. Völlig unbeabsichtigt landete ich auf dem Schoß von dem süßen Kerl. Er hielt mich wesentlich länger fest als nötig und dabei stieg mir sein herbes Aftershave gemischt mit einem Hauch frischen Schweißes in die Nase. Pflaumensturz total, plus rote Birne, plus Flecken am Hals. Ich stotterte sogar, als ich mich entschuldigte, und rappelte mich dann schnell hoch, denn die Kollegin war mit ihrer Ansage schon bei den Schwimmwesten. Schnell zog ich mir meine Demoweste über, doch vor lauter Nervosität zerstörte ich dabei meine Hochsteckfrisur. Nächste Panne. Der Typ grinste mich so süß an, dass ich auch noch ganz weiche Knie bekam und mich kaum mehr auf meinen Pumps halten konnte. Das blieb natürlich den Passagieren, die in der Nähe saßen, nicht verborgen. Und dann machte mich auch noch eine junge Frau darauf aufmerksam, dass mir einer meiner halterlosen Strümpfe runtergerutscht war. Musste wohl an der Feuchtigkeit in bestimmten Gebieten liegen, dann hat das Gummi keinen Halt mehr. Was machte ich denn jetzt bloß? Ich konnte doch nicht vor allen Leuten das Röckchen heben und den Strumpf wieder hochziehen.

Tja, da hieß es Haltung bewahren. Als ob gar nichts wäre, ging ich hoch erhobenen Hauptes mit einem leuchtend weißen und einem dunkel getönten Bein nach vorne in die Galley und zog dann den Vorhang mit einem Ruck vor. War mir schon lange nicht mehr passiert, dass mich ein Typ so aus dem Plan brachte. Ich hoffte nur, dass ich einigermaßen durch den Tag kam, denn wenn einmal der Wurm drin ist, geht das ja bekanntlich so weiter.

Nachdem Frisur und Strümpfe wieder saßen und ich einmal tief durchgeatmet hatte, musste ich wieder an dem Kerl vorbei, um zu meinem Sitz zu gelangen. Da tippte der doch fröhlich auf seinem iPad rum, und mir blieb nichts anderes übrig, als ihn darauf aufmerksam zu machen, dass es während Start und Landung vollständig auszuschalten war. Wieder dieser Duft. Und dieses Grinsen. Wahrscheinlich würde heute Nacht noch mein Vibrator zum Einsatz kommen müssen.

Doch ich war nicht die einzige Infizierte. Meine Kollegin Caro, eine lustige Rheinländerin, fragte mich später in der Galley beim Start, wie sich denn das leckere Schnittchen angefühlt hatte, als ich auf seinem Schoß saß. Denn den würde sie auch nicht von der Bettkante stoßen.

Während des gesamten Flugs kam ich nicht back on track und mein Zwerchfell flatterte wie ein Segel bei Windstärke neun. Ich bot Milch und Zucker zum Tomatensaft an, schmiss Eiswürfel in den Tee und Zitronenschnittchen in den Kaffee.

Beim Aussteigen der Passagiere kollabierte ich beinahe, als er vor Selbstbewusstsein strotzend auf mich zukam, und mir fiel fast der Korb mit den Schokoladenherzen, die jeder zum Abschied bekommt, aus der Hand. Renate, kneif jetzt die Arschbacken zusammen und tu was! Aber was?

Ich gab ihm zwei Herzen. Dabei klimperte ich ihn an: »Eins ist von der Airline, das andere von mir.«

Er bedankte sich und zwinkerte mir sogar zu.

Tja, das wars dann wohl, dachte ich mit leiser Wehmut, als ich ihm hinterhersah, wie er im Bus verschwand.

Ein paar Tage später fand ich in meinem persönlichen Postfach einen Brief von meiner Teamleiterin, in dem sich ein gewisser Luc Berger für einen besonders charmanten und aufmerksamen Service bedankte. Ich zückte sofort mein iPad und googelte neugierig den Namen. Neben einem emeritierten Professor für Ohrenheilkunde und einer Baumschule in Frankfurt entdeckte ich meinen Beau samt Foto unter »Marquisen und Jalousien Großhandel« in Köln, Hamburg und München.

Na, immerhin ist er selbstständig und muss nicht hartzen. Ich wollte mir schon lang mal ein paar Plissees für meine Fenster leisten, damit der Typ von gegenüber mir nicht immer von seinem Balkon aus aufs Bett glotzte. Das war jetzt genau der richtige Zeitpunkt.

Kaum in meiner Bude angekommen, maß ich sofort die Fenster aus und rief dann den Marquisen und Jalousien Großhandel Berger an. Er war, oh Wunder, gleich dran, womit ich wirklich nicht gerechnet hatte und was mir erst mal die Sprache verschlug. Nach mehrmaligem »Hallo Hallo« am anderen Ende fragte er schließlich hellsichtig: »Sind Sie es, Frau Rössel?«

Ich legte voller Schreck auf und hatte schlagartig das Gefühl, in einer 90-Grad-Sauna zu sitzen. Unmittelbar darauf klingelte das Telefon. Das Display zeigte die gleiche Nummer. Ich ließ es fünfmal klingeln und hob dann ab. »Das ist aber nett, dass Sie zurückrufen«, sagte ich so gefasst wie nur möglich. »Mein Akku war leer. Sie haben übrigens richtig geraten.«

»Da brauche ich gar nicht zu raten, ich warte seit Tagen auf Ihren Anruf.«

Mir fiel schon wieder nichts ein. Das war doch nicht ich.

»Danke für Ihr nettes Feedback«, stammelte ich einfach nur dumpf.

»Was hätte ich denn tun sollen. Im Internet waren Sie nicht auffindbar und einen weiteren Flug mit Ihnen konnte ich nicht buchen, weil ich Ihren Dienstplan nicht kenne. Wann haben Sie denn das nächste Mal einen Abend frei?«

»Morgen Abend bin ich Overnight in Hamburg im Steigenberger, da können wir uns gerne um 20 Uhr in der Lobby treffen.« Langsam fing ich mich wieder.

»Ist ja nicht gerade um die Ecke«, erwiderte er. »Aber ich kann schon einrichten, dass ich in Hamburg was zu tun habe.«

Klang gut, der Typ war flexibel.

Okay, ich schaltete auf Autopilot und machte einen Termin bei Susi. Schneiden, Waschen, Tönen, Maniküre, Pediküre. Und dann musste die wichtige Accessoire-Frage geklärt werden: Die schwarze Korsage von Princess Tam Tam würde endlich ihre Premiere erleben. Die hatte ich mir nämlich für einen ganz besonderen Moment aufgespart. Dann brauchte ich unbedingt noch Strümpfe plus sicherheitshalber ein paar Strapse, kam ja bekannterweise immer gut an. Selbst wenn die Strumpfbänder nur runterbaumeln, drehen manche ja schon völlig durch. Meine neuen Stilettos, die mich gleich auf 1,80 Meter beamten, mussten natürlich auch zum Einsatz kommen. Parfum setzte ich inzwischen sparsam ein, nicht nur weil es so teuer, sondern ähnlich wie lange rote Fingernägel für manche ein ziemlicher Abturner ist.

Während des gesamten nächsten Tages konnte ich an nichts anderes denken und hoffte nur, dass mir die »rote Tante« nicht dazwischenfunkte.

Als ich am nächsten Abend mit der Crew in der Hotellobby einlief, saß er schon an der Bar. Caro, die wieder mit von der Partie war, sah ihn als Erste und stupste mich aufgeregt an. »Da ist das Schnittchen von letzter Woche.«

Und als er dann auch noch strahlend auf uns zusteuerte, bekam sie sogar eine rote Birne. Allerdings brach sie vollständig ein, als er gezielt auf mich zukam und mich galant mit einem angedeuteten Handkuss begrüßte.

»Hab ich da irgendwas verpasst, kennt ihr euch schon näher?«

»Ab jetzt ja«, antwortete ich frech.

Caro gab sich geschlagen und räumte grinsend das Feld. Sie war trotz aller Rivalität eine gute Verliererin.

Luc hatte im Rive in der Hafencity einen Tisch mit Blick auf Blohm + Voss reservieren lassen und mir statt Blumen einen Blankogutschein für eine Jalousie meiner Wahl mitgebracht. Wie einfühlsam war das denn? Ein Mann, der tatsächlich mitdachte! Denn so Grünzeug verwelkte bei mir ohnehin immer regelmäßig.

Nach einer exquisiten Hummer-Bisque, einem vorzüglichen Seeteufel an Rote-Beete-Mousse und einem 98er Château Lafite, brachte er mich zurück ins Hotel. Und im Taxi gings auch gleich mit dem Nachtisch weiter. Als er mir die Zunge ins Ohr steckte, war ich sofort voll im Erpelkostüm. Ich stöhnte laut auf. Doch das verkniffene Gesicht der Hamburger Taxifahrerin im Rückspiegel ließ mich dann doch einen Rückzieher machen.

Erst im Hotelaufzug waren wir ungestört und es gab kein Halten mehr. Er drückte mich gegen die Mahagoni-furnierte Fahrstuhlwand, an der ich allerdings keinen Halt fand und immer abrutschte.

Schließlich endet das Ganze in einer akrobatischen Nummer, die Circus Krone alle Ehre gemacht hätte, fand jedoch seinen lautstarken Höhepunkt erst im Zimmer. Caro, die nebenan schlief, hatte bestimmt auch was davon.

Bevor ich mich erschöpft zur Seite drehte, ertappte ich mich mal wieder bei dem Gedanken, wie es wohl wäre, mit dieser Megarakete für immer zusammenzuleben. Mussten die Hormone sein. Trotzdem verkniff ich mir am nächsten Morgen bei der Verabschiedung wohlweislich die Frage, wie es denn nun mit uns weiterginge. Damit hatte ich nämlich im Laufe meiner Karriere schon so manchen Typen verbrannt. Doch hier galten offensichtlich andere Spielregeln. Luc wollte am liebsten gleich zusammenziehen und mich nie wieder loslassen. Hatte ich jetzt bei der Glücksspirale den Platz an der Sonne gewonnen? Ich konnte es ehrlich gesagt nicht glauben. War dieser Typ wirklich real? Wo war denn da der dicke Hund begraben?

Aber vielleicht gab es den ja gar nicht und ich war tatsächlich angekommen in meinem Liebesleben.

Wo ich jedoch nicht angekommen bin, war auf meiner Maschine nach Stockholm um 9.40 Uhr local time. Natürlich war ich viel zu spät dran und rief deshalb noch schnell das Crewing an, damit sie keinen Stand-by aktivierten, und auch um noch schnell zu fragen, auf welcher Platte unsere Mühle stand.

Als ich dann völlig atemlos die Treppe auf C13 hochstürmte und meine Handtasche in die Galley schmiss, starrte mich der Purser erstaunt an: »Was wollen Sie denn hier? Wir sind schon drei!«

»Ist das nicht Stockholm?«, gab ich leicht verwirrt zurück.

»Ne, Zürich! Wohl 'ne anstrengende Nacht gehabt?«

Ohne weiter darauf einzugehen, schnappte ich mir meine Tasche und trat den Rückzug an, während ich noch mal das Crewing anrief. Die dachten jetzt doch bestimmt, ich hab voll einen an der Klatsche. Ich erfuhr, dass es sich nicht um C13, sondern D13 handelte. Egal. Hauptsache, ich schaffte jetzt möglichst schnell, meinen Hintern in die richtige Maschine zu setzen. Also wieder runter aufs Vorfeld. War das Einfachste. Ich hielt eines der Pushback-Fahrzeuge an und trampte, was bei Todesstrafe verboten war, mit wehender Warnweste zu D13.

Caro zog mich, völlig ohne fiese Bemerkung, in die Maschine und schloss direkt die Tür hinter mir.

Na, das war ja noch mal gut gegangen. Doch ich hatte mich zu früh gefreut. Während ich nach hinten schlich, hörte ich über die Lautsprecher ihre schadenfrohe Stimme: »Meine Damen und Herren, nun hat endlich auch unser letztes Crewmitglied den Weg aus den Federn gefunden und wir sind startbereit. Wir bitten um einen donnernden Applaus.« Genau das, was mir noch zu meinem persönlichen Glück fehlte!

Die kommenden Wochen verbrachte ich wie Alice im Wunderland. Konzertausflüge nach Wien, Shoppingtouren nach Mailand, Wellnesswochenenden in Kitzbühel, Gourmetreisen ins Elsaß, Jahreskarte für einen Luxus-Fitnessclub. Und der Oberkracher: eine gemeinsame Dachterrassenwohnung im Belgischen Viertel in Köln. Oft mit dabei war Merlin, Lucs Bobtail, mit dem ich schnell Freundschaft schloss, weil er von mir immer Leckerlis bekam. Dies hatte leider zur Folge, dass er immer fetter wurde und deshalb mit

Herrchen joggen gehen musste, was seinem Temperament nicht unbedingt entsprach. Merlin war eben ein typischer Couch-Potato-Hund, der auch »Runter vom Sofa« heißen könnte.

Ich war der festen Überzeugung, das alles würde immer so weitergehen, bis ich eines Tages im Bioladen um die Ecke eine Begegnung der dritten Art hatte.

Vor dem Laden traf ich auf Merlin, der dort angebunden mir fröhlich entgegenwedelte. Wie ging das denn? Luc hatte ihn doch mit nach München genommen, wo er zwei Wochen lang in seiner Filiale zu tun hatte. Wir hatten doch heute Morgen noch miteinander telefoniert.

In diesem Moment verließ eine attraktive Rothaarige mit Buggy, aus dem fröhlich ein ebenso rothaariges Kind krähte, den Bioladen und wollte Merlin losbinden.

»Moment mal«, hielt ich sie auf. »Das ist mein Hund.«

Sie sah mich verständnislos an und streichelte Merlin, der ihr sofort die Hand leckte. War das vielleicht eine Nebenbuhlerin? Ich schaute mir das Kind genauer an und stellte eindeutig eine gewisse Ähnlichkeit mit Luc fest. Führte der vielleicht ein Doppelleben?

Merlin schien jetzt ebenfalls in Schwulitäten zu kommen und leckte nun mir die Hand.

Die Frau riss ihn von mir weg. »Der Hund gehört noch immer mir! Der dazugehörige Mann übrigens auch. Wir sind seit fünf Jahren verheiratet und haben zwei Kinder.«

Ich hatte das Gefühl, als ob es mir den Teppich unter den Füßen wegriss. Mein Cinderella-Traum zerplatzte wie eine Seifenblase.

»Da ist das letzte Wort noch nicht gesprochen«, zischte ich ihr entgegen und rannte mit Tränen in den Augen zurück in die Wohnung. Ich kippte zwei Wassergläser Johnnie Walker auf ex und rief Luc an. Natürlich war besetzt. Konnte mir schon vorstellen, mit wem er sprach. Auch in der Firma ließ er sich verleugnen. Ich war tagelang nur noch am Flennen und meldete mich erst mal für drei

Tage krank. Totaler Blues. Ich brachte nicht einen Bissen mehr herunter und schon bald fielen mir alle Ringe von den Fingern.

Bei heruntergelassenen Jalousien, die im Überfluss vorhanden waren, verbrachte ich die meiste Zeit im Bett. Luc war wie vom Erdboden verschwunden.

Nachdem ich aus der ersten Schockstarre erwacht war und nicht mehr aussah wie ein wandelnder Zombie, beschloss ich, das Schwein zu stellen und ihn vor all seinen Angestellten nass zu machen.

Ich ritt also noch hoch aggro in seiner Filiale in Köln-Deutz ein und zerlegte erst mal den ganzen Laden, indem ich sämtliche Jalousien, Markisen, Plissees und Vorhänge herunterriss und wie Rumpelstilzchen darauf herumtrampelte. Eine Verkäuferin war schon dabei, die Bullen anzurufen, als Monsieur aus seinem Büro stürmte und mich unsanft aus dem Laden zog.

Wenn er jetzt gesagt hätte, beruhige dich doch, Schatz, wäre mir bestimmt die Hand ausgerutscht. Doch er bugsierte mich nur auf den Beifahrersitz seines Autos und fuhr mich zum Stadtpark, während ich weiter tobte. Schließlich übertönte er mich mit Pavarotti, den ich sowieso schon zum Kotzen finde.

Wir trennten uns nicht im freundlichen Einvernehmen, und er verlangte sogar, dass ich innerhalb von vier Wochen die Bude räumen und ihm den Schlüssel zuschicken sollte. *Nightmare on Elmstreet,* letzte Folge.

Als ich meinen Küchenkram aus der 30.000-Euro-Bulthaup-Küche zusammenpackte und dabei noch einmal an unsere gemeinsamen Kochabende denken musste, fiel mir eine Schachtel Kressesamen in die Hände. Luc hatte es immer geliebt, wenn ich ihm die auf der Terrasse selbst gezogene Kresse liebevoll mit der Schere über den Salat schnitt. Aber nun hatte ich eine andere Verwendung dafür. Denn völlig ungestraft kam mir der Junge nicht vom Haken.

Bevor ich unser Liebesnest endgültig verließ, wässerte ich seinen geliebten Perserteppich im Wohnzimmer, bis er total vollgesaugt war, und säte dann genüsslich die Kressesamen darauf aus.

Danach ging es mir eindeutig besser. Nur schade, dass ich sein dummes Gesicht nicht sehen konnte, als er vier Wochen später hier meine Nachfolgerin einquartierte. Ich zog wieder zurück zu meiner Gräfin nach Berlin, die irgendwie eine Vorahnung gehabt haben musste und mein Zimmer nicht weitergegeben hatte.

10

ITALIENISCHE
NOTLANDUNG

Ich brauchte einen neuen Rock und einen Wintermantel, unter Insidern auch Pferdedecke genannt, und hatte einen Termin bei der Schneiderin im Uniformlager. Meist arbeiten dort ausrangierte Düsen, die keine Flugtauglichkeit mehr bekommen.

Besonders beliebt ist der Lederlappen, eine große hagere sonnengegerbte »Notrutsche«, wie Düsen über 40 bei uns gerne betitelt werden. Sie flog früher hauptsächlich Berlin/Puerto de la Plata, verbrachte ihre Overnights mit strammen Insulanern und war bekannt für ihre Vorlieben für harte Drinks. Sie soll sogar altgediente Piloten unter den Tisch gesoffen und keine After-Landing-Party ausgelassen haben. Legendär war auch ein Stunt, als sie dudeldick aus der hinteren Tür einer ATR 72 flog, bevor überhaupt die Stairs angekarrt waren, weil sie vergessen hatte, die Sicherheitsleine anzubringen. Bei der wesentlich höher ausgelegten Boeing wäre sie sicher nicht so glimpflich davongekommen, doch so waren es glücklicherweise nur ein paar Prellungen.

Sie begrüßte mich mittelmäßig freundlich mit ihrer tiefen Whisky Voice und wollte wissen, warum ich nach sechs Monaten schon wieder hier war. Warum ich nicht besser auf meine Klamotten aufpassen könnte.

»Wenn Sie nicht so viel auf Ihrem Sitz rumrutschen und Ihren Hintern mehr bewegen würden, bräuchten Sie auch keinen neuen Rock«, blaffte sie mich gleich mal an.

Als ob ich scharf auf diese grässlichen, schlecht sitzenden Polyesterteile wäre, die hier wie in einer Altkleidersammlung an unzähligen Ständern hingen.

»Größe?«

» 34«, lächelte ich sie herausfordernd an. Davon träumte die doch nur.

Sie verzog jedoch keine Miene. »Das glaube ich nicht. In der Luft bläht man auf. Ich gebe Ihnen mal 'ne 38.«

»36 reicht«, versuchte ich, meine gute Figur zu verteidigen. Doch der alte Lederlappen kannte kein Pardon. Sie hielt mir zwei Zelte hin und schickte mich in die Umkleide. Das eine rutschte genauso schnell wieder runter, wie ich es hochgezogen hatte. Doch da fuchtelte sie bereits mit ihrem Stecknadelkissen vor meiner Nase herum.

»Keine Diskussion, den stecken wir jetzt ab, nach Tragepflicht. Wir sind doch hier nicht auf dem Catwalk.« Ihre nikotingefärbten Finger mit knallroten Aufstecknägeln griffen professionell nach dem Saum des Rocks. Dann haute sie ihn in Windeseile unter die Nähmaschine und überreichte ihn mir wieder. »Los, anziehen!«, forderte sie mich im Kommandoton auf. Ein General Feldmarschall war nichts dagegen.

Als ich in den Spiegel sah, kam ich mir vor wie Trude Herr auf der Flucht. Nach dem Motto: Ich will keine Schokolade, ich will lieber einen Mann. Aber in dem Outfit nahm mich sowieso keiner mehr. Bei der Airline hier hatten sie echt den 80er-Jahre-Schuss überhört, es fehlten nur noch Dauerwelle und weiße Plastikstiefel.

Ich ergab mich in mein Schicksal und band ihr natürlich nicht auf die Nase, dass ich den Rock, sobald ich hier raus war, schnurstracks zu meinem türkischen Schneider zum Kürzen und Engermachen bringen würde. Der hat wenigstens Sinn für Ästhetik.

Früher musste man als Stewardess ja noch richtig gut aussehen und durfte ein bestimmtes Gewicht nicht überschreiten. Heute kann so ein Low Cost Carrier darauf natürlich keine Rücksicht mehr nehmen. Die Gehälter sind zu niedrig, die Belastung zu hoch. Wer schön ist, wird Model und bewirbt sich nicht bei der Fliegerei. Bei mir ist dieser Zug leider abgefahren. Ohne Kompressionsstrümpfe habe ich Beine wie eine Elefantenkuh.

Als ich mich vom Lederlappen verabschiedete, tat sie mir irgendwie leid, und ich verzieh ihr, dass sie mich so entstellt hatte. Ist ja nicht leicht, wenn man von über den Wolken plötzlich im Kleiderkeller landete und zu Haus nur eine Katze zum Kuscheln hat. Ich weiß, dass so einige von uns mit 55 von der Rudolf-Wissell-Brücke gesprungen sind, weil es für sie außer dem Job nichts mehr gab. Das ist echt ein dickes Problem. Die Fliegerei lässt einfach wenig Zeit für Privates. Und welcher Mann macht schon mit, dass du nachts um drei plötzlich verschwindest und erst nach vier Tagen wieder aufschlägst? Deshalb sind wir auch irgendwie ein eigenes Volk und paaren uns oft nur untereinander. Es wäre für mich unvorstellbar, jeden Morgen in ein Büro zu wackeln und für die nächsten acht Stunden auf einem Schreibtischstuhl festgenagelt zu sein. Natürlich finde ich es nicht toll, dass sich mein Sprachrepertoire in der Luft auf nur wenige Sätze beschränkt: »Was möchten Sie trinken? Kaffee oder Tee, mit Milch oder ohne? Welchen Saft hätten Sie gerne? Apfel, Orange oder Tomate, Letzteres ohne Pfeffer und Salz oder mit? Cola, Cola light oder Zero? Sandwiches mit Lachs, Käse oder Wurst?«

Aber all das nehme ich in Kauf für das geile Gefühl, morgens die Erste zu sein, die über den Wolken die orangerote Sonne aufgehen sieht. Der Frieden und die Ruhe, die mich in solchen Momenten überkommen, machen alles wieder wett. Ich fühle mich dann tatsächlich dem Himmel ein Stückchen näher.

*

Nächster Morgen. Check-in für MXP Mailand-Malpensa. Ich freute mich, dort Donna zu treffen, meine italienische Freundin mit exklusivem Geschmack für Schuhe und Accessoires. Ich bin das volle Fashion Victim und sie kennt die schrägsten Läden der Stadt.

Die Maschine war mal wieder voll mit Italienern, die in der günstigen Hartz-IV-City Berlin eingekauft hatten. Die Overhead Bins platzten aus allen Nähten. Bis heute kapiere ich nicht, wie sie das alles durch die Security kriegen – Vasen, Gläser, Geschirr, Elektrogeräte, Kaffeemaschinen, Fitnessgeräte.

Kürzlich hatten wir wieder so ein Fortbildungsseminar. Ein ganzes Wochenende lang ging es um »Verfahrensweise Handgepäck«. Wie man sich das in den oberen Etagen der »Admins« so vorstellt. Jetzt sollen auch noch die ersten drei Bins links und rechts in der

Business für die Pinguine frei bleiben, die sowieso schon großzügig einen freien Mittelsitz zur Verfügung haben. Da liegt dann vielleicht ein einsamer Gucci-Aktenkoffer und fürs normale Fußvolk ab Reihe 4 reicht der Platz vorne und hinten nicht. Und das erkläre dann mal einer Italienerin im dicken Daunenmantel, mit 15 vollen Einkaufstüten bepackt.

Besonders dicke Pickel kriege ich ja, wenn sie mir den Notausgang vollstellen, weil sie sich von ihrem Gelumpe nicht trennen können. Ich weiß auch nicht warum, aber für mich bewegen sich Italiener irgendwie in Slow Motion, auch wenn sie sonst lautstark mit Händen und Füßen gestikulieren. Bis die mal in die Gänge kommen, vergehen Stunden.

Bereits eine Viertelstunde Delay. Aus dem Cockpit tönte das übliche Gemotze. »Sitzen jetzt endlich alle?«

Ich checkte noch mal, ob alle Bins eingerastet waren. Dabei verhakte ich mich prompt im Henkel einer Handtasche, die nicht richtig unter dem Vordersitz verstaut war, und legte mich beinahe flach. Gott sei Dank fing mich der Typ von 14C auf, dem ich zum Dank den Ellenbogen in den Magen rammte. Oje, wie peinlich, aber er nahms nicht krumm. Gab eben doch noch Gentlemen.

Während die Kollegin bereits mit der Begrüßungsansage beschäftigt war, schnappte ich mir mein Demoequipment und begab mich zum Overwing auf meine Position. Das Kasperltheater konnte beginnen.

Ist schon ganz schön frustrierend, denn eigentlich interessiert es ja sowieso keine Sau, aber Job ist Job. Manchmal verscheißere ich Passagiere und drohe ihnen an, dass gleich alle abgefragt werden. Und wenn sie nicht in der Lage wären, den Stoff lückenlos zu wiederholen, sie leider wieder aussteigen müssten. Ein bisschen Spaß kann nicht schaden.

Als alles wieder verstaut war, trollte ich mich als kleines Heckschwein nach hinten auf meine Klappe. Anschnallen, Daumen hoch für den Purser. Cabin ready for take off und ab gings.

Ich atmete tief durch. Und versuchte, mich auf meinen 30-Second-Review für den Notfall zu konzentrieren: Gurte los! Alles liegen lassen! Raus! Springen! Rutschen! Unten stehen bleiben! Passagiere auffangen! Weg vom Flugzeug!

Das laute Bing des Seat-belts-off-Signs riss mich hoch. Tja, dann wollen wir mal. Ich sprintete nach vorne, um die Serviceansage auf Deutsch und Englisch zu absolvieren. »Meine Damen und Herren, in Kürze beginnen wir mit unserem Bordservice. Ein entsprechendes Angebot sowie die Preisliste befinden sich auf der Sky-Bistro-Karte in der Sitztasche vor Ihnen. Sollten Sie einen Wunsch an zollfreien Waren haben, sprechen Sie uns bitte an. Wir akzeptieren neben Barzahlung in Euro auch Visa- und Mastercard ab einem Betrag von fünf Euro. Wir bedanken uns für Ihre Aufmerksamkeit und wünschen Ihnen weiterhin einen angenehmen Aufenthalt hier bei uns an Bord.« Dann noch mal der ganze Summs auf Englisch und natürlich auf Italienisch, dessen ich leider nicht mächtig bin. Aber wir haben ja das CIDS (Cabin Intercommunication Data System). Darüber lässt sich die italienische Serviceansage ohne Probleme abspielen. Mit dem Kopf schon bei Donna in Mailand auf Shoppingtour, drückte ich den entsprechenden Menüpunkt und ging dann wieder nach hinten, um meinen Trolley aufzuladen. Dabei spürte ich bereits eine merkwürdige Unruhe, die sich breitmachte und in Sekundenschnelle in Panik überzugehen schien. Ich checkte erst mal überhaupt nicht, was los war. Eine Frau neben mir zog einen Rosenkranz raus und begann zu beten, eine andere griff nach meiner Hand und fragte mich auf Englisch, ob wir jetzt alle sterben müssten. Ein Mann suchte panisch nach der Schwimmweste unter seinem Sitz. Eine schicke Italienerin hatte ihre High Heels bereits in der Hand. Ein kräftiger Typ machte sich am Notausgang zu schaffen. Waren die alle bescheuert? Waren vielleicht wieder übers Airconditioning irgendwelche Gase in die Kabine gelangt? Vielleicht lag es ja auch am Enteisungsmittel, das in der Luft verdunstet und über die Airpacks nach drinnen gelangt war?

Oder gabs hier irgendwo eine versteckte Kamera, die auf mich gerichtet war?

Als ich endlich hinten angekommen war, blinkte schon das rote Ceiling Light vom Interphone. Die Purserin war dran und brüllte mir ins Ohr, dass ich den Hörer erst mal auf Abstand bringen musste.

»Bist du wahnsinnig, das war die italienische Ansage für eine sofortige Notlandung! Atterraggio di emergenza, capice!«

Ich bekam schlagartig einen Schweißausbruch, zumal die Ansage noch immer lief und ich wusste, dass sie sich, einmal gestartet, nicht mehr stoppen ließ. Was machte ich denn jetzt bloß? Wenn ich jetzt hektisch gestikulierend versuchen würde, das alles zu überschreien, drehten diese sensiblen Italiener wahrscheinlich vollständig durch.

Ich schnappte mir die hübsche Italienerin mit den High Heels, erklärte ihr auf Englisch das peinliche Versehen und bat sie, die Leute in ihrer Landessprache zu beruhigen. Sie wirkte sofort erleichtert, zog ihre Schuhe wieder an und tobte sofort los. »Calma, Calma, tuto bene …«, rief sie durch die Reihen.

Und endlich war auch die Horroransage vorüber. Ich entschuldigte mich über das Interphone auf Deutsch und Englisch, auch wenn meine Stimme noch zitterte. Das versteinerte Gesicht meiner Purserin sagte mir, dass dieser Vorfall nicht ohne Konsequenzen für mich bleiben würde. Ein Eintrag in die Personalakte wäre noch das Glimpflichste. Die Höchststrafe, fristlose Kündigung, würden sie mir wohl nicht auferlegen, die gibts nur bei unabsichtlichem Rutschenabschuss.

Der Sinn nach Schuhen, Designerfummel und schicken Bars war mir dennoch erst einmal vergangen.

11

FEUERTAUFE

Nach fünf Jahren Heckschwein hatte ich nun endlich die Möglichkeit, Frontsau, sprich Purser, zu werden.

500 Flocken im Monat waren mehr als ein schlagkräftiges Argument. Zwar hatte man dann die anspruchsvollen Businesspinguine, die fast alle an einem schweren Aufmerksamkeitsdefizit leiden, im Nacken und sabbelte sich durch die vielen Ansagen heiser, aber alles noch besser, als immer in der letzten Reihe zu sitzen.

Der Haken an der Sache war jedoch ein zweiwöchiger Lehrgang, bestehend aus bekloppten Rollenspielen, aufreibendem Deeskalationstraining, langwierigen Teambildungs-Übungen und lästigem Sprachtraining.

Natürlich war ich hoch motiviert. Wir waren zu zwölft und alles andere als eine homogene Gruppe. Zwei hatten einen leichten Sprachfehler und wurden gleich zur Logopädin geschickt. Bei einer zuckte immer das Augenlid, wenn sie nervös wurde, eine andere konnte nicht still stehen, wenn sie Ansagen machte. Ich war also nicht alleine mit meinen Marotten.

Am ersten Tag ging es nur um den Schreibkram und wir mussten mal schnell 20 verschiedene Formulare ausfüllen. Trimm- und Loadsheet, Cargomanifest, Passengerinfolist, aber auch für Eventualitäten, die eher selten vorkamen: Geburt an Bord, Unfallreport, Tod an Bord, Vorfall an Bord, Kundenbeschwerden. Ich fragte mich kurzfristig, ob ich mich hier für einen Sekretärinnenjob bewarb.

Weiter gings mit der Uniform-Trageordnung, weil da immer wieder Entgleisungen passieren. Abgelatschte Schuhe, falschfarbiger BH oder Nagellack, zu viele Klunker, fettige Haare, Schweißgeruch, Nuttendiesel, Laufmaschen, Dreitagebart bei den Jungs, zu kurz gebundener Schlips. Eigentlich traurig, dass sie dafür tatsächlich einen Kurs veranstalten mussten.

Den ganzen zweiten Tag ging es um Cabin Resource Management, heißt auf Deutsch: Wir heucheln Freundschaft in der Kabine, auch wenn wir uns sonst mit dem Arsch nicht angucken. Da gibt es so eine Platinregel, die man uns über die Tierwelt veranschaulichen wollte.

Wir sollten uns nun via Flipchart entscheiden, ob wir uns eher mit einer Eule, einem Bernhardiner, einem Löwen oder einem Schimpansen identifizierten. Auf den ersten Blick wurde ich mit keinem der Viecher warm und fragte mich, warum keine Giftschlange dabei war. Nicht nur ich, sondern viele andere meiner Kolleginnen fühlten sich bestimmt eher davon angesprochen. Aber da es nun unbedingt eines dieser vier sein musste, wählte ich den Schimpansen. Seine Eigenschaften, witzig, kommunikativ, dem Menschen ähnlich, temperamentvoll und schnell, sprachen mich noch am meisten an. Die Eule, die lange überlegt, behäbig und genau ist, könnte ich gleich mit einer Steinschleuder vom Baum holen. Aber genau darum gings. Wir sollten uns in die andern Charaktere hineinversetzen, Verständnis und Empathie entwickeln.

Da waren sie ja bei mir an der richtigen Adresse. Wenn so ein Bernhardiner mich ansabbert, dann schaff ichs einfach nicht, dem die Eier zu kraulen. Da können die noch so viel an mir rumdoktern.

Wahrscheinlich bin ich sowieso komplett therapieresistent. Aber um die Seminarleiterin nicht zu enttäuschen, steckte ich immer wieder heroisch den Kopf in den Rachen des Löwen. Auch wenn das völlig wider meine Natur ist.

In diesem Sinne ging es auch weiter im Deeskalationskurs. Ganz schön hart für mich, dauernd das Weichspülprogramm zu fahren.

Es wurde zum Beispiel die Situation durchgespielt, was tun, wenn ein Dicker unbedingt am Notausgang sitzen will. Normalerweise würde ich da Klartext reden und, wenns dann zur Diskussion käme, hart durchgreifen. Doch genau das wurde uns hier ausgetrieben.

Als Erstes sollte immer eine emotionale Bindung aufgebaut werden und zwar via unverbindlichem Small Talk. Ungefähr so:

»Da haben Sie sich ja einen schönen Fensterplatz ausgesucht. Da würde ich auch gerne sitzen.«

Und weil er sich jetzt so angenommen fühlt, ist es ihm auch nicht peinlich, nach dem Extension Belt zu fragen. Übrigens, viele klemmen auch, um sich nicht outen zu müssen, den Gurt direkt unter die Fettschürze, dass es oft schwierig ist zu sehen, ob sie überhaupt angeschnallt sind.

Wenn ich ihm dann die Verlängerung reiche, sollte ich die nun zum Anlass nehmen und ihn freundlich darauf hinweisen, dass Extensions am Notausgang nicht erlaubt sind. Um nicht sagen zu müssen: »He Fetti, wenns hier eng wird und du da drin stecken bleibst, haben wir alle ein Problem.«

Und dann müsste ich ihn eben bitten, eine Reihe weiter vorne oder weiter hinten Platz zu nehmen. Sobald wir wieder in der Luft waren, dürfte er sich dann zurückwälzen.

Diese Aktion würde mich mindestens fünf Minuten kosten. Und wenn die Mühle voll war, müsste ich mich schon klonen, um alles zu schaffen. Höflichkeit ist ja schön und gut, aber oft eben nicht realistisch.

Und dann kam doch glatt der Klassiker: Hund will nicht in die Box aufs Tablett. Ich habe da ja so meine ganz eigenen Methoden, aber die sind natürlich nicht erwünscht – politically not correct.

Hier nun die offizielle Vorgehensweise mit emotionalem Bindungsvorspiel: »Sie haben ja einen süßen Hund. Wie heißt der Kleine denn? Darf ich den mal streicheln? Was ist das denn für eine Rasse? Hat er vielleicht Durst und braucht ein Wässerchen?«

Wenn das Frauchen dann strahlt und sich ausreichend gebauchpinselt fühlt, darf ich auch mit der Bitte kommen, ihn nun in seine Box zu verfrachten. Bei so viel Empathie, die ihr und ihrer Teppichratte entgegengebracht wurde, kann sie natürlich schlecht Nein sagen.

Bei drei Kötern an Bord könnte ich dann auch gleich die Bridgekarten auspacken. Von wegen Zeitmanagement. Theorie und Praxis sind eben oft Galaxien voneinander entfernt.

Ein anderer wichtiger Punkt für den Purser ist ja, Verantwortung und Führungsqualität gegenüber den Kollegen zu entwickeln. Zum Beispiel die richtigen Worte zu finden, wenn eine Kollegin in Thrombose-Stellung, die Beine gegen den Trolley gestemmt, die *Bunte* studiert. Statt: »He, du alte Schlampe, hast du den Schuss nicht gehört? Nimm sofort deine Keulen da runter«, heißt es jetzt: »Es macht mir Sorge, dass hier der Sicherheitsstandard nicht mehr gewährleistet und keine Kabinenpräsenz mehr vorhanden ist.«

Die hält sich doch den Bauch vor Lachen und meine Autorität ist voll in die Tonne gekloppt. Also, was die sich da an ihren Schreibtischen zusammenpupsen, geht doch voll an der bitteren Realität vorbei. Soll doch einer von denen mal so ein Viererleg Berlin–Zürich/Zürich–Berlin/Berlin–Mailand/Mailand–Berlin hinlegen. Lockere elf Stunden on duty! Dann reden wir weiter.

Auf dem letzten Leg hat man dann schon kaum mehr Sauerstoff im Hirn und oft keine Kraft mehr, all diese Kommunikationsregeln auch gewissenhaft umzusetzen. Da ist nur noch Stalldrang angesagt. Jeder will nach Hause, raus aus der Zwangsjacke und die Füße hochlegen!

Am dritten Tag im Sprachlabor zweifelte ich zum ersten Mal wirklich an mir. Ich hörte meine eigene Stimme über Kopfhörer und war geschockt. Das konnte doch nicht ich sein. Die hatten doch sicher die Regler verstellt. Ich hörte mich doch nicht an wie eine verrostete Dampflok. Konnte es sein, dass ich erst mal meine Stimme ölen musste? Der Flachmann war leider zu Hause geblieben. Hätte wahrscheinlich keinen guten Eindruck gemacht, wenn ich den hier ausgepackt hätte. Doch offensichtlich schien sich niemand an meiner Roststimme zu stören. Viel schlimmer war, dass ich nicht richtig betonte und am Schluss des Satzes immer hinten runterfiel. Ist mir ehrlich gesagt noch nie aufgefallen. Außerdem versprach ich mich öfter, was wahrscheinlich daran lag, dass mein Gehirn schneller rattert als mein Mundwerk. Ist ja besser als umgekehrt. Man legte mir deshalb einfühlsam nahe, mir doch einen Sprachcoach zu nehmen. Würde mir vielleicht auch allgemein helfen, dass mir die Menschen in meinen oft sehr umfangreichen, bildhaften Ausführungen besser folgen könnten.

Doch letzten Endes war ich mit von der Partie, als die Champagnerkorken knallten und sie uns alle zwölf hochleben ließen.

*

Kaum in Amt und Würden, flog ich mit meinem Lieblingskapitän Bruno Larson einen entspannten UHU-Flug (unter 100 Passagiere) von Köln/Bonn nach Wien. Wir hatten eine Neue an Bord, die ich unter die Fittiche nehmen sollte und die eigentlich noch unter Welpenschutz stand. Es war ihr erster Flug nach ihrer sechswöchigen Ausbildung. Mandy kam aus dem Osten und hatte dort nach der Wende in den neuen Filialen von »Cut and Go« als Shampooerin gearbeitet. Ein echter Aufstieg hier für sie.

Raspelkurzer, wasserstoffblond gefärbter Haarschnitt. Helles Make-up und große blaue Kulleraugen. Ihr Babyspeck ließ sie proper in ihrer Uniform daherkommen. Nur ihre hohe Piepsstimme beeinträchtigte etwas den sonst sympathischen Eindruck und könnte auf Dauer zu Trommelfellreizungen führen. Schon beim Briefing war zwischen mir und Bruno klar, dass wir die Kleine auf diesem Flug erst mal Maß nehmen würden. Da waren wir schon ein eingespieltes Team.

Bruno legte auch sofort los. Schon auf dem Weg zur Maschine über das Vorfeld schickte er Mandy zum OCC (Operation Controllcenter), um dort den Zündschlüssel für den Airbus mit Registrierungsnummer WH abzuholen. Ohne Argwohn stiefelte sie hoch motiviert davon. Ich musste mir schwer das Lachen verkneifen, denn die Triebwerke werden nur per Knopfdruck angelassen.

Als sie eine Viertelstunde später mit hochrotem Kopf zurück an Bord kam, klopfte ihr Bruno versöhnlich auf die Schulter und erklärte ihr, dass jeder Frischling hier mal auf den Arm genommen würde.

»Nichts für ungut«, grinste auch ich sie an. Das wärs jetzt, sie bräuchte sich keine weiteren Sorgen zu machen. So mütterlich und fürsorglich ich nur konnte, nahm ich bis wir in der Luft waren, meine Purseraufgaben wahr. Doch dann ritt mich schon wieder mein kleiner innerer Teufel.

Während des ersten Cockpitservices rief ich sie herein und erklärte ihr mit Brunos Unterstützung, dass sie für die Entleerung der Toilettenbehälter zuständig wäre. Sie müssten alle 20 Minuten ausgeschüttet werden, so ähnlich wie bei der Bahn, wenn die Gülle auf die Gleise rinnt.

Mandy sah mich mit großen Augen an, wie 'ne Eule. »Und wenns jemand unten auf der Erde auf den Kopf fällt?«, piepste sie und schüttelte sich dabei.

»Pech«, brummelte Bruno nur.

Ganz sachlich erklärte ich ihr, welchen Hebel sie dafür ziehen musste. Nämlich den Bremshebel, der in der Luft funktionslos war. Bruno hatte die Bezeichnung vorsorglich mit Tesa abgeklebt.

Sie sah mich zwar einen Moment ungläubig an, aber als dann auch Bruno und der Copi sie auffordernd anlächelten, zog sie mutig an dem Hebel. »Also dann bis in 20 Minuten, ach ja und dann nimm doch noch bitte unsere Urintüten mit.«

Es fiel mir diesmal noch schwerer, das Lachen zurückhalten. Die beiden Jungs hatten zwei Kotztüten mit Apfelsaft und warmem Wasser gefüllt und erklärten ihr mit todernster Mine, dass sie unmöglich während des Flugs auf die Toilette gehen konnten.

Inzwischen noch weißer im Gesicht, nahm sie die beiden lauwarmen Tüten entgegen und verließ stumm das Cockpit. So hatte sie sich ihren neuen Job wahrscheinlich nicht vorgestellt. Kaum war sie draußen, gackerten wir los wie die Hühner. Wir benahmen uns wie die letzten Kleinkinder, aber ich muss zugeben, es befreite ungemein.

Den letzten Streich spielten wir ihr während des Landeanflugs. Bruno markierte den Verzweifelten. Er war ein wirklich blendender

Schauspieler. Völlig überzeugend brachte er rüber, dass das Hauptfahrwerk klemmen würde. Es gäbe nur eine wirksame Methode. Jemand von der Crew müsse ungefähr auf Höhe von Reihe 10 heftig auf und ab springen, damit es sich löste. Sein Blick fiel natürlich auf »Cut and Go«. Sie hätte das richtige Kampfgewicht für diese Aufgabe.

Die Passagiere wirkten verständlicherweise leicht verstört, als plötzlich Mandy in der Mitte des Flugzeuges mit wippenden Brüsten um ihr Leben sprang.

Doch wir bekamen es mehr als dick zurückgezahlt. Als Mandy nämlich mit einer anderen Crew flog, muss sie nach 20 Minuten am Bremshebel gezogen haben, um, wie bei uns gelernt, die Toilettenbehälter zu entleeren. Natürlich ein dickes No-Go! Keiner darf im Cockpit irgendwelche Instrumente berühren. Und als sie dann auch noch nach den Urinbeuteln gefragt hatte, platzte die Blase endgültig. Wir flogen auf und zwar auf ganzer Linie. Der Flug nach München zu »Kaffee ohne Kekse« war bereits fest gebucht. Und ich hatte schon wieder einen Eintrag in meiner Personalakte.

12

SPÄTE EINSICHT

Seit Langem flog ich mal wieder mit Caro und konnte nicht anders, als meine Pleite mit Luc zum Besten zu geben. Wir standen in der Galley und wechselten von High Heels auf Kabinentreter. Dabei wurde wieder einmal klar, dass nichts mehr stinkt als Düsenfüße in Nylonpelle.

Nicht dass wir Mädels besonders eng miteinander wären, aber gerade in der Luft entspannt es ungemein, über Typen abzulästern. Außerdem war Caro ja selbst scharf auf Luc gewesen, und immerhin hatte ich sie davor bewahrt, auf diesen Bettnässer reinzufallen.

Als ich ihr von der Abschlussnummer mit der Kresse erzählte, lachte sie sich halb tot. Hätte auch von ihr sein können, denn auch sie wäre schon so manches Mal als Racheengel unterwegs gewesen. Das letzte Mal habe sie die Kashmir-Pullis von ihrem Typen auf Teddygröße runtergewaschen, nachdem er fremd eingeschoben hatte. In der Trommel schwamm anschließend mindestens ein Wert von 1.000 Euro. Auch nicht schlecht, musste ich mir merken.

Hörte das denn nie auf, dass man sich immer wieder so Haie aus dem Becken fischte? Irgendwie musste da doch auch mal ein süßer Delfin dabei sein. Die sind angeblich treu bis an ihr Lebensende. Caro spielte schon mit dem Gedanken, zum anderen Ufer überzutreten, aber ich sag immer: Dose auf, Dose klappert. Lass es lieber. Wir haben die Schallmauer ja noch nicht überschritten. Da geht schon noch was.

Zum Thema passend boardete als erstes eine Familie mit zwei kleinen Quälgeistern. Und haste nicht gesehen, war der zuständige Papa auch noch ein Ex von mir. War keine schöne Geschichte damals.

Ich war in der Zeit noch nicht bei der Fliegerei und habe in Schöneberg im Blue Note gekellnert. Da ging man recht selten aufrecht nach Hause. Und als ich einmal mit meinem Käfer 'n Poller weggesprengt habe, hat mich so'n Bad Boy von Polizist erst bei sich zu Hause blasen lassen. Da war ich dann wieder nüchtern und durfte meinen Führerschein behalten.

Horst und ich haben nur ein paar Mal zusammen Fernsehen geschaut und bums war ich schwanger. Da war dann mal ganz schnell Schluss mit lustig. Nachdem ich ihm beglückt das Ultraschallbild hinter die Windschutzscheibe geklemmt hatte, tauchte er unangemeldet bei mir auf und bekam einen cholerischen Anfall. Er drohte ernsthaft damit, mir das Kind aus dem Bauch zu treten, wenn ich hier einen auf Familienplanung machen würde. Da gingen bei mir natürlich sofort alle Lichter aus.

Wenn ich den mir jetzt so knapp 20 Jahre später anschaue mit Halbglatze und Weizenwampe, war das so oder so die richtige Entscheidung.

Sein Sohn hatte einen Gipsarm bis über den Ellenbogen und sah jetzt schon aus wie die Miniaturausgabe von den Klitschkobrüdern. Seine Alte kam ein bisschen billig daher, und es wunderte mich, dass sie keine Sonnenbrille trug. Das Markenzeichen von Frauen solcher Schlägertypen. Da hatte ich Caro ja später wieder was zu erzählen. Passte ja richtig gut zu unserer Stimmung.

Und dieser Horst sah mich nicht mal. Habe ich mir schon so viele Furchen ins Gesicht geflogen, oder irritierte ihn die Uniform? Darin haben mich schon gute Freunde nicht erkannt und sind an mir vorbeigelaufen. Wahrscheinlich, weil mir keiner so viel Seriosität abnimmt.

Selbst als ich Horst half, den Kindersitz im Overhead zu verstauen, fiel bei ihm nicht der Groschen. Na, dann sollte er doch dumm sterben.

Als sie sich auch noch gegenseitig mit Mutti und Vati ansprachen – gib der Mutti mal deine Jacke, der Vati sitzt am Gang –, musste ich ganz schnell Distanz zwischen mich und diese Familienidylle bringen.

Das Leben hat wie immer recht behalten. Und ich danke dem lieben Gott, dass ich nicht Mutti heiße.

Wir waren gerade über den Pyrenäen, als Horstis Familie Sturm klingelte. Karl der kleine Schläger heulte jämmerlich und hielt mir anklagend seinen Gipsarm entgegen. Die Fingerchen, die wie kleine Tentakeln herausguckten, hatten tatsächlich die Farbe von einem Calamar angenommen. Seinen liebevollen Eltern war wohl nicht der Gedanke gekommen, den Gips vor dem Flug aufzuschneiden. Ist doch klar, dass durch den hohen Druck in der Kabine Körperteile anschwellen können. Mir ist jedenfalls diese Tatsache nicht unbekannt. Ich geh oft völlig aufgebläht von Bord, als hätten sie mir eine Luftpumpe in den Hintern gesteckt.

Das Geplärre von Karl wurde immer nervtötender, sodass ich meine Vorbehalte gegen diese Familie vergaß und beschloss zu handeln. Kinder können ja schließlich nichts für ihre Eltern. Und bis Malaga hielt das Balg das nie durch, da war ihm der Arm wahrscheinlich abgefault.

Ich forderte den Bengel also auf, mit nach hinten in die Galley zu kommen, und Horst nahm mich nun zum ersten Mal etwas genauer unter die Lupe. Schließlich ging es hier um den Arm seines Erstgeborenen.

»Kennen wir uns nicht?«, fragte er leicht verunsichert.

Ich kämpfte kurz mit mir und zischte ihm dann zu, er solle doch mal ein bisschen in seinen grauen Zellen kramen. Stichwort Bauch. Da klingelte jedoch gar nichts. Er schaute mich an wie ein Omnibus, nur nicht so schnell, und ich merkte, wie er sämtliche Affären, die er mal hatte, in seinem Oberstübchen durchblätterte.

Bevor er doch noch zu weiteren Erkenntnissen gelangt war, schnappte ich mir seinen Sohn und zog ihn hinter mir her in die Galley. Damit er endlich die Klappe hielt, stopfte ich ihn mit einer 350-Gramm-Packung kleiner Flugzeuge aus Fruchtgummi voll.

Natürlich haben wir aus naheliegenden Gründen keine scharfen Messer oder Scheren an Bord, außer der für die Milchtüten, aber die knackte niemals einen Gips. Dafür fand ich im First Aid Kit eine Schere, um Mullbinden abzuschneiden. Doch auch die flog mir gleich um die Ohren. Da musste ich wohl mit härteren Geschützen auffahren.

Ich wusste, dass sich unter meinem Jumpseat eine Crash Axe befand, mit der sich bei einem Kabelbrand die Wandverkleidung lösen ließ. Vielleicht könnte ich ja mit der stumpfen hinteren Seite den Gips aufhebeln. Um mich nicht selbst auch noch aufzuschlitzen, stülpte ich mir ein Paar Feuerschutzhandschuhe über. Auf diese Weise prepared for emergency, wenn auch ohne Mundschutz und grünen OP-Kittel, wollte ich gerade zur Tat schreiten, als Horst auftauchte und meinen Arm festhielt.

»Ich weiß jetzt, wer du bist. Wenn du meinem Kind auch nur ein Haar krümmst … dann … dann …«

Mir stieg schlagartig die Galle hoch. Jetzt drohte mir der Typ schon wieder.

»Ich kann es auch gerne sein lassen«, antwortete ich kühl. »Ein Kind hast du ja schon auf dem Gewissen.«

So, jetzt ist es raus, den Mut hätte ich mal schon viel früher aufbringen sollen. Schon verrückt, dass sich gerade jetzt diese Gelegenheit bot. Aber hier hatte ich wenigstens Heimvorteil.

Horst verzog keine Miene. Wie sollte er auch. Karl hatte nämlich das Plärren eingestellt und hörte uns ganz gespannt zu. Trotzdem spürte ich, wie es in dem Mann kochte. Wahrscheinlich explodierte er gleich.

Ein deeskalierender Satz wie »Ich würde mir jetzt wünschen, dass du dich beruhigst und friedlich zurück auf deinen Platz gehst« war hier doch gnadenlos zum Scheitern verurteilt. Das würde ihn doch so auf die Palme bringen, dass er mir ohne Vorwarnung die Crash Axe um die Ohren haute.

Ich klingelte Caro an, um wenigstens Zeugen zu haben. Und vielleicht würde Horst ja, wenn er ein fremdes Gesicht vor sich hatte, in der Lage sein, den Brennstab runterzukühlen.

Als Caro, wie Erzengel Michael, wenn auch ohne Schwert, den Vorhang zur Galley zurückzog, kapierte sie intuitiv, was hier abging. Sie griff zum Interphone, um das Cockpit zu informieren, was Horst augenblicklich einknicken ließ. Caro sah ihn mit einem Blick an, der keinen Widerspruch duldete, und brachte ihn zu seinem Sitz zurück. Tja, die hatte Autorität, musste man ihr lassen.

Das erneute Jammern von Karl erinnerte mich wieder an meine eigentliche Aufgabe hier. Dann mal los. Ich bohrte mich also mit dem Stiel der Axt zwischen Gips und Arm und hebelte mich vorsichtig nach oben. Nach einer Weile knackte der Gips und bekam einen Sprung. Ein erster Erfolg. Sohnemännchen hielt auch weiter tapfer dem Druck der Crash Axe stand.

Schließlich hatte ich einen kleinen Ansatz und konnte so mit ganzer Kraft auch den Rest des Verbands aufreißen. Als er endlich ab war, massierte ich dem Jungen sogar noch seine Fingerchen, während er sich erleichtert an mich kuschelte. Mir wurde fast warm ums Herz.

In diesem Moment wurde der Vorhang wieder beiseite geschoben und Aggro-Horst starrte mich wortlos an. Als er sich davon überzeugt hatte, dass die OP geglückt war und sein Sprössling noch beide Arme dran hatte, räusperte er sich verlegen und drückte tatsächlich ein »Entschuldigung« raus.

Dann legte er sogar noch ein Brikett drauf.

»Entschuldigung für alles!«

Damit konnte ich leben. Passte.

13

OVERNIGHT

Vier Tage und fünf Nächte in meinem Heimathafen Hamburg. Als alte Elblette geht mir natürlich das Herz auf, wenn ich die dumpfen Nebelhörner der Pötte höre. Die Hamburger Personaldecke ist ziemlich dünn, und es kommt immer wieder vor, dass wir die Kollegen dort unterstützen müssen. Dann heißt es: Übernachten im Steigenberger. Der volle Luxus, da kann man nicht meckern. Statt Tromsö-Bettgestell wie bei mir zu Hause alles in Kirschbaum von Verado. Das Bad so groß wie mein Wohnzimmer, in rosafarbenem Carara-Marmor, mit Fußboden und Handtuchheizung. Vollglasdusche selbstredend, nicht so ein oller Plastikvorhang wie bei mir, der immer an meinem Körper festklebt, wenn es richtig schön heiß und feucht ist.

Die Minibar hat zwar eine große Auswahl, muss aber für Airliner täglich aufgefüllt werden. Was trennt zwei Alkoholiker von drei Nymphomaninnen? Die Cockpit-Türe. Ist übrigens kein Witz!

Bei mir war die Freude doppelt groß, denn Lorenz, ein heißer Brad-Pitt-Verschnitt, mit dem ich gerade was angefangen hatte, war der Copi in unserem Team. Alles war noch recht frisch und wir konnten nur schwer die Finger voneinander lassen. Das gefiel leider Dicki Hoppenstedt alias Andreas, der sich an mir fest gebissen hatte wie ein Terrier, überhaupt nicht. Ich war gespannt, wie viele Körbe der noch brauchte. Jedenfalls versprach das eine witzige Woche zu werden. Zimmer- und Poolpartys, Saunen, ausgiebige Frühstücksgelage bei Spätdienst.

Wir hatten wieder einen Frischling dabei, die man so richtig einnorden konnte. Melanie war ein ziemlich langer Hungerhaken mit Spaghetti-Haaren und Paddelfüßen. Schuhgröße 43, Endstation schicker Pumps.

Ich musste mal wieder den Vorreiter spielen. War eigentlich kein Problem, zumal die mich ja noch nicht kannte. Also erklärte ich ihr mit todernstem Gesicht, dass bei einem Overnight die erste Nacht immer dem Kapitän gehöre und sie gegen Mitternacht hochgestrapst bei ihm aufschlagen und auch ganzen Einsatz zeigen müsse.

Wenn nicht, würde sie hier bei dieser Airline keinen Fuß mehr in die Türe kriegen und als Nobody untergehen.

Sie sah mich ungläubig an und stammelte dann, dass sie einen Freund hätte. Ich fasste ihr mitfühlend an die knochige Schulter und erklärte ihr mit Mutter-Beimer-Stimme, dass das vielleicht ein Grund sei, aber kein Hindernis. Durch diese harte Schule wären wir alle gegangen.

Sie zog mit gesenktem Kopf ab, und schon während des gemeinsamen Abendessens beim Thailänder merkte ich, wie es in ihr brodelte. Andreas war natürlich nicht eingeweiht. Ich war gespannt, ob er morgen zum Frühstück tiefenentspannt erscheinen würde.

Wir waren nach einem ausgiebigen leckeren Essen alle ziemlich platt und verkrochen uns schon bald in unsere Zimmer. Melanie nahm mich, inzwischen etwas gefasster, zur Seite und fragte, ob sie die Aktion auch schon früher starten könne, denn morgen sei ja wieder ein anstrengender Tag.

»Geht klar, ist ja auch für ihn besser«, gab ich ihr gönnerhaft mit auf den Weg.

Gemeinsam mit Lorenz versteckten wir uns im Bügelzimmer, das direkt gegenüber von Dickis Zimmer lag. Und tatsächlich taperte schon bald die Bohnenstange im weißen Hotelbademantel und passenden Frottee-Schlappen durch den Gang. Lorenz konnte schon jetzt nicht mehr und ich musste ihm den Mund zuhalten. Sie zögerte noch einen Moment und klopfte dann ziemlich energisch an die Tür. Andreas, nur mit einem Handtuch um die Hüften und seinem iPad in der Hand, öffnete. Offensichtlich skypte er gerade mit seiner Frau.

»Moment mal, da ist jemand an der Tür«, hörten wir seine Stimme.

Melanie, die offensichtlich all ihren Mut zusammengenommen hatte, riss ihren Bademantel auf und präsentiert stolz ihr Brett mit Warzen.

Andreas ließ vor Schreck das iPad fallen mit der Kameraseite nach oben. Melanie hob es geflissentlich auf und reichte es ihm.

Jetzt konnte auch ich nicht mehr und Lorenz musste mir den Mund zuhalten.

Aus dem iPad kreischte die Stimme von Andreas' Frau. »Wer ist das, wieso hat die Schlampe nichts an?«

Andreas riss Melanie das Tablet aus der Hand und stammelte: »Das ist der Roomservice.«

»Was, willst du mich verarschen? Du brauchst gar nicht mehr nach Hause zu kommen. Scheißkerl, Wichser, Arschloch.«

Melanie hatte inzwischen das Weite gesucht und Andreas Lunte gerochen. Er schrie wie ein verwundetes Tier durch den leeren Hotelflur: »Wo seid ihr, ihr Schweine? Ich bring euch alle um! Zeigt euch!«

Lorenz und ich erstarrten und gaben keinen Mucks von uns. Dafür gingen sämtliche Türen des Gangs auf und die Hotelgäste beschwerten sich über den Lärm. Natürlich auch die Crew, die eingeweiht war, aber natürlich voll auf unschuldig machte. Bestimmt verdächtigte Andreas zuerst mich, aber natürlich würde ich wie immer alles abstreiten.

Nachdem sich alles wieder einigermaßen beruhigt hatte, schoben Lorenz und ich noch schnell ein Ermakowa-Becker-Gedächtnis-Nümmerchen in der Besenkammer und gingen dann schlafen.

Am nächsten Morgen beim opulenten Frühstück mit Lachs, frisch gepresstem O-Saft, Austern, geräuchertem Forellenfilet mit Johannisbeerschaum, Bündnerfleisch und sonstigen Schweinereien ließ sich Andreas nicht blicken. Machte er etwa heute einen auf Diät oder warum schlug er hier nicht zu? Er war doch sonst immer der Erste am Buffet. Dafür hatte sich Melanie den Teller ganz schön voll gehäuft. Scheinheilig fragte ich sie, während ich ein frisches Bircher Müsli in mich hineinmümmelte, wie es denn gestern so gelaufen sei. Sie blickte kaum von ihrem Teller hoch und meinte nur: »Bestens. Ging schnell!«

Ich konnte mir ein Grinsen nur schwer verkneifen. »Dann herzlich willkommen im Team.« Wirklich dreist, wie die mich anlog, hätte ich ihr gar nicht zugetraut. Aber gefiel mir.

»Wenn du mal ein Problem hast, kannst dich immer an mich wenden.« Und diesmal meinte ich das sogar aufrichtig. Ich lud sie sogar zu unserer Zimmerparty, die wir immer am Ende einer Overnight-Kette reißen. Das hatte sie sich wahrlich verdient.

Andreas sah ich erst wieder im Crewbus auf dem Weg zum Flughafen. »Schade, dass du nicht beim Frühstück warst, wir haben dich vermisst. Gehts dir nicht gut? Hast du Ärger?« Dabei wunderte ich mich mal wieder über mich selbst, was für ein Miststück ich doch war. Ganz schön abgebrüht. Ich legte meine Hand vertrauensvoll auf sein Knie und genoss seine Verlegenheit. Alle machten auf unschuldig. Melanie blickte unbeteiligt aus dem Fenster. Peinliches Schweigen bis in den Crewraum.

Erst als das Tagesgeschäft uns wieder in den Krallen hatte, löste sich die Spannung.

*

Zweiter Abend. Wir waren wieder völlig abgerockt und hatten bis zum Anschlag performed. Zweimal Rennstrecke Berlin–London. Jedes Mal volle Hütte. Da gehst du im Anschluss schielend von Bord und es hilft nur noch Druckbetankung und das am besten gleich intravenös. Doch nur der harte Kern Andreas, Lorenz und ich schafften es noch bis an die Bar. Mein Lover hatte schon mal für alle einen doppelten Single Malt geordert, den wir auf ex runterkippten. Wer das nämlich nicht schaffte, musste die nächste Runde ausgeben. Da waren sie bei mir aber an der falschen Adresse.

Lange würde ich das nicht durchhalten, sonst lief heute nichts mehr mit Brad. Das wollte ich mir auf keinen Fall entgehen lassen. Ich hatte extra bei Rose Rosa in Berlin ein verführerisches sündiges Seiden-Negligé erstanden. Trotzdem gab ich mir noch einen zweiten Malt und machte dann den Abgang, allerdings nicht ohne Lorenz verführerisch zuzuzwinkern.

In meinem Zimmer dimmte ich dann erst mal das Licht auf cellulitisfreundliche Schummerbeleuchtung runter, machte mich bettfein und probte schon mal die richtigen Stellungen. Und da bimmelte auch prompt das Haustelefon.

»Kann ich kurz mal rüberkommen?«

»Ja, ich warte schon«, hauchte ich in den Hörer und wunderte mich über so viel Höflichkeit, sonst ging mein junger feuriger Stier doch immer ohne zu fragen zum Angriff über.

Ich dimmte das Licht noch weiter runter, öffnete die Tür einen Spalt, legte mich wieder aufs Bett, schloss die Augen und machte mich schon mal geschmeidig.

Erst als ich plötzlich 110 Kilo auf mir spürte und kaum mehr Luft bekam, wurde mir trotz vierfachen Whiskys klar, dass hier irgendwas nicht stimmte.

»Ich habs immer gewusst, du und ich!«, hauchte es in mein Ohr. Mir wurde heiß und kalt zugleich, aber nicht vor Erregung. Es war Dicki und nicht mein Brad Pitt!

Ich zuckte unter ihm wie ein Aal, um ihn von mir abzuschütteln. Und dann wurde es plötzlich fully bright und Lorenz stand für einen Moment wie ein Racheengel in der Tür. Einige Sekunden später hörte man nur noch die Zimmertür zuknallen.

Oh, Shit. Erklärungsnot auf allen Ebenen.

Andreas verstand die Welt nicht mehr. »Was war das denn?«

»Am besten du gehst jetzt, ich erkläre dir das alles morgen.«

Er sah mich wie ein begossener Pudel an und trollte sich.

Ich rief Lorenz in seinem Zimmer an, doch der ging gar nicht mehr ran. Der Drops schien gelutscht. Da half nur noch einer. Johnnie Walker. Oh Johnnie, du warst schon immer mein bester und treuester Freund überall auf der Welt.

Unsere Zimmerparty am Abschlussabend ähnelte mehr dem Ball der einsamen Herzen als einer lustvollen Orgie. Ich war schon vorher verkatert. Keiner konnte keinem so richtig in die Augen sehen und irgendwie hatten wir es auch nicht geschafft, die Missverständnisse aufzuklären. Eigentlich alles ganz schön verquer. Doch am nächsten Morgen auf dem Heimflug kaute mir Melanie, im Gegensatz zu den anderen Tagen, das Ohr ab. Sie war so aufgekratzt wie nie. Das brauchte ich morgens um acht ja ganz besonders. Als ich dann jedoch merkte, dass sie komisch ging und Schwierigkeiten beim Sitzen hatte, wurde ich doch neugierig.

Und dann beichtete sie mir mit hochrotem Kopf, dass sie so etwas wie heute Nacht noch nie erlebt hätte und ernsthaft überlegte, sich von ihrem Freund zu trennen.

Ich habe da so eine Ahnung, aber wage noch nicht, ihr nachzugehen. Das kann der doch nicht bringen, oder doch?

»Soll ich dir sagen, wer es ist? Ich hätte nie gedacht, dass ich bei dem Chancen habe. So ein gut aussehender Typ.« Sie schloss verzückt die Augen. »Er sieht aus wie Brad Pitt, findest du nicht?«

14

WENN MAN NUR NOCH ROT SIEHT

Als ich mal wieder wie üblich auf den letzten Drücker durch die Personalkontrolle in den Sicherheitsbereich zum Crewraum hetzte, kam ich mir vor, als würde ich gleich gegen die Klagemauer rennen.

Dann erinnerte ich mich wieder. Wir hatten September und es war einige Tage vor Jom Kippur, dem höchsten jüdischen Feiertag. Viele Israelis, sogar die weniger religiösen, fliegen zu diesem Anlass ins Gelobte Land. An dem Tag selber läuft dort nämlich gar nichts. Sämtliche Grenzübergänge, selbst die Flughäfen, sind geschlossen, kein Restaurant, kein Café ist offen. Auf den Straßen fährt nicht ein einziges Auto und weder Fernsehen noch Radio senden. Ganz schön risky für ein Land wie Israel. Das haben die Ägypter damals ja auch ausgenutzt, als sie 1973 den Jom-Kippur-Krieg begannen.

4 Stunden 40 dauert der Flug nach Tel Aviv, mir persönlich kommt es aber meist viel länger vor. Weiß auch nicht, woran das liegt. Vielleicht weil die einen dauernd unter Strom halten und man unbewusst Angst hat, aus Versehen etwas »politisch nicht Korrektes« von sich zu geben. Selbst ich, die ja sonst kein Blatt vor den Mund nimmt, hab auf diesen Flügen so eine Art Beißhemmung.

Ich weiß nicht, ob es an mir liegt, aber bei diesen Tel-Aviv-Flügen werde ich nie das Gefühl los, dass viele Israelis noch immer was gegen uns Deutsche haben. Ist ja auch kein Wunder. Zumindest wir von der Fliegerei sehen mit unserer Uniform, dem Schiffchen auf dem Kopf und den schwarzen Lederhandschuhen ganz schön militärisch aus. Fehlt nur noch der Schäferhund. Und ich auch noch im Eva-Look: blaue Augen, blonde lange Haare zum Zopf geflochten. Irgendwie provozierend, verstehe ich ja.

Beim Servicebriefing kriegen wir vom Purser noch ein paar Verhaltensregeln mit. Essen und Getränke sind natürlich koscher. Selbstredend. Auch wenn kein Rabbi sie vorher abgesegnet hat. Und uns befremdlich vorkommende Verhaltensweisen sollen wir keineswegs auf uns beziehen.

Eine ganze junge Study-and-Travel-Kollegin (Hauptfach Anthropologie), die zum ersten Mal ins Gelobte Land flog, meinte, sie hätte damit überhaupt kein Problem und hielt uns auch gleich einen Vortrag darüber, was es mit den Gebetsriemen, den Tefillin, auf sich hatte. Für mich sah das Ganze ja eher aus wie ein an Lederbändern festgemachtes Vogelhäuschen, aus dem gleich ein Spatz rausfliegt.

Doch Annika belehrte mich streng eines Besseren. In den Schächtelchen aus koscherem Leder befänden sich Pergamentstücke mit ausgewählten Thorastellen. Das heilige Buch der Juden schreibt nämlich vor, dass die Gläubigen ein Symbol auf ihrem Arm und eines zwischen ihren Augen tragen sollen. Das vor der Stirn steht für geistige Loyalität. Die Tefillin am Arm erinnern daran, dass der Gläubige Gott mit aller Macht und aller Kraft dienen muss.

Ich war beeindruckt. Und was ist mit den Frauen? Die habe ich noch nie mit so was rumrennen sehen, und bestimmt dienen die genauso, wenn nicht noch mehr.

Annika sah mich mit strafendem Blick an, als wolle sie gleich »Sechs, setzen« zu mir sagen.

»Frauen dürfen generell keine heiligen Gegenstände tragen, sie könnten sich ja im Zustand der Unreinheit befinden, sprich ihre Tage haben«, klärte sie mich auf.

Na toll, wieder so eine frauenfeindliche Religion. Ich hatte so etwas schon vermutet. Auf der anderen Seite wurde mir mal erzählt, dass bei den Juden den Männern das Onanieren verboten ist, die Frauen dagegen dürfen munter an sich rumrubbeln, sooft sie wollen. Wenigstens etwas.

Unser Fräulein Professor fühlte sich jedenfalls ganz in ihrem Element und hätte bestimmt noch stundenlang weiterdoziert, wenn wir nicht noch unsere niedrigen Arbeiten zu erledigen gehabt hätten. Ich war ja mal gespannt, was die heute Nacht nach 13 Stunden noch so von sich gab. Wahrscheinlich keinen Mucks mehr.

Die meisten Neulinge geben übrigens als Grund für ihre Berufswahl Interesse an fremden Ländern und Kulturen an. Da kann ich nur lachen. Denn wer 100 Prozent fliegt, hat dafür schon mal gar keine Zeit. Allerdings muss ich zugeben, dass man im kleinen Rahmen gewisse Eigenheiten schon mitbekommt.

Ähnlich wie bei den Moslems gibts auch bei den jüdischen Fluggästen oft Sitzverteilungsprobleme. Männer und Frauen wollen häufig getrennt voneinander und jüngere Israelis meist nicht neben den Orthodoxen sitzen. Was jedoch für alle gilt, ist, dass sie wegen der extremen Sicherheitskontrollen supergenervt sind. Bei Tel-Aviv-Flügen müssen sie nämlich schon drei Stunden vor Abflug da sein. Das heißt, die meisten haben wahrscheinlich gar nicht geschlafen.

Da viele Länder bezüglich des Nacktscanners noch zu keiner Einigung gekommen sind, müssen sich viele Passagiere bis auf die Unterhose ausziehen. Verstehe ja, dass das nicht jedermanns Sache ist.

Auf allen Israelflügen haben wir natürlich Sky Marshals dabei. Ich mache mir gerne einen persönlichen Spaß daraus, mir vorzustellen, welcher der Passagiere einer sein konnte. Vielleicht der Typ mit Lederjacke auf 8D? Oder der große Blonde im Anzug auf 4D? Sogar der junge glatzköpfige Szenetyp in Jeans, Hollister-Hemd und Nike Air käme infrage. Möglicherweise hatte sich auch einer als Rabbi verkleidet. Wäre ja in diesem Fall das Unauffälligste.

Manche Reisende machen es einem nicht leicht und weigern sich, deutsch zu sprechen, obwohl sie es verstehen. Eine hebräische Ansage haben wir jedenfalls auf unserem CIADS (Cabin Intercommunication Data System) noch nicht eingespeichert.

Wir waren noch im Steigflug, die Anschnallzeichen noch nicht erloschen, da gab es bereits den ersten Zwischenfall. Die ältere Dame von Reihe 1 sprang plötzlich, wie von der Tarantel gestochen auf und rüttelte an der Cockpittür. War das hier schon Bedrohungsstufe vier? Gewolltes oder tatsächliches Eindringen ins Cockpit. Das Hollister-Hemd von 7D (da lag ich doch gar nicht so falsch) war sofort zur Stelle und streckte sie mit einem Schlag nieder. Ob das die richtige Entscheidung war? Aber diese jungen Typen sind wohl so auf Action gedrillt, dass sie quasi immer mit einer Sprungfeder im Arsch dasitzen.

Als die wirklich harmlos aussehende Oma wieder zu sich kam, nahm sie es glücklicherweise mit jüdischem Humor. Sie sah den Sohn von Bruce Willis jedoch nur entzückt an und meinte dann mit hoher Piepsstimme: »Nicht so stürmisch, junger Mann, ich wollte doch nur auf die Toilette.«

Er nahms cool, stellte sie wieder auf ihre zwei Beine und öffnete ihr die richtige Tür.

Tja, das war schon wieder 'ne Filmszene. Manchmal wünschte ich mir wirklich, eine Kamera dabeizuhaben. Nach dem Motto draufhalten und senden. Jedenfalls hatte sich endlich mal einer von den himmlischen Beschützern geoutet. Eigentlich gar nicht so übel, der Junge. Ich war gerade wieder im Notstand, da sich die Sache mit Brad Pitt endgültig erledigt hatte.

So Sonderkommandotypen sollen ja eher auf extreme Praktiken wie Plastiktüte über den Kopf, BH um den Hals und Handschellen stehen. Könnte man ja auch mal ausprobieren. Warum nicht.

Nur meistens haben diese jungen Kerle keine Knete und da stehe ich gar nicht drauf. Ich kann mich noch gut an einen Schönling gerade mal Mitte 20 erinnern, Traumkörper, kein Gramm Fett zu viel. Erst gab er groß an, mich zum Essen einladen zu wollen, und als es ans Bezahlen ging, hat er sich mal schnell auf die Toilette verdrückt. Viel bessere Erfahrungen macht man da mit den distinguierten Silberschläfen, den George Clooneys für Bausparer. Da wird man dann auch mal für seine Turnübungen mit einem Brilli belohnt.

Apropos Turnübungen. Wir waren bereits über der Ägäis und ich hatte mächtige Schwierigkeiten, die Balance zu halten, denn der Vogel wackelte ordentlich. Trotzdem führten wir den Service fort, denn angeblich handelte es sich nur um eine kurze Schlechtwetterfront. Die paar Minuten genügten jedoch, dass sich der Tomatensaft selbstständig machte, den ich gerade einem vollschlanken Mittvierziger auf 18D eingeschenkt hatte und der auf dessen weißem Hemd landete. Passiert eben. Kein großes Drama. Normalerweise reinigt man den Fleck so gut es geht und der Passagier bekommt einen Reinigungsgutschein.

Doch der Typ hier ging ab wie Schmitz Katze. Von wegen Parkinson und ob ich nicht alle Tassen im Schrank hätte, brüllte er mich cholerisch an und richtete sich gefährlich auf, als wolle er mir an die Gurgel gehen. Ich konnte ihn nur mit Mühe abwehren.

Und dann ging alles Schlag auf Schlag.

Kaum saß er wieder, forderte 19D, ein Vertretertyp in Poloshirt und Bundfaltenhose, ebenfalls einen Tomatensaft und schüttete ihn nach Erhalt seelenruhig dem immer noch aufgeblähten 8D über den Kopf.

Jetzt hieß es erst mal Bremse lösen und Fersengeld geben. Ab in die Galley. Eine solche Situation hatten wir im Deeskalationskurs bisher nicht durchgespielt.

Ich schnappte mir einen Packen Papiertücher aus dem Klo und hangelte mich zurück zum Schlachtfeld. Dem Dicken hatte es die Sprache verschlagen. Er schnappte nur wie ein Fisch nach Luft, als ich ihm die Servietten reichte.

Mein Hero dagegen, der so tapfer meine Ehre verteidigt hatte, hing lässig in seinem Sitz und grinste mich verschmitzt an.

»Sorry, ich konnte das einfach nicht tatenlos mit ansehen. Wenn Sie Lust haben, würde ich Sie gerne in Berlin auf einen Tomatensaft einladen«, sprach er und reichte mir seine Visitenkarte.

Ich musste innerlich so lachen, dass ich beinahe geplatzt wäre. Der Dicke konnte das alles noch immer nicht fassen, aber hielt jetzt wenigstens die Klappe. Wortlos drückte er mir die verschmierten Tücher in die Hand und sagte nur ein Wort:

»Beschwerdekarte«.

Sollte er haben. Wahrscheinlich schenkte die Airline ihm sogar noch einen Freiflug.

Nachdem wir uns alle wieder einigermaßen runtergefahren hatten, kam »Work and Study« angerannt und erzählte mir entrüstet, dass so ein Ultraorthodoxer sie als unrein bezeichnet hatte und kein Essen von ihr annehmen wollte. Das verstand ich jetzt gar nicht, heute Morgen hatte sie uns doch zu dem Thema noch einen dicken Vortrag gehalten.

Das eine war eben Theorie, das andere Praxis. Letzteres war meine Welt und das hier meine Chance, dem arroganten Greenhorn einen mitzugeben. Ich zog sie kurz hinter den Vorhang und erklärte ihr mit todernstem Gesicht, dass wir auf solchen Flügen immer ein rotes Haarband tragen müssen, wenn wir unsere Tage hatten.

Sie sah mich zwar skeptisch an, aber war sich nicht ganz sicher, ob es nun stimmte, was ich sagte, oder nicht. Jedenfalls stellte sie schlagartig ihre Arroganz mir gegenüber ein.

Das durchaus lukrative Resultat dieses roten Tages war eine dreimonatige sowohl private wie auch geschäftliche Beziehung mit meinem Hero. Er hieß Rainer und war Zahntechniker und Dentalkaufmann. Und ich wurde sein Kurier, allerdings nicht für Drogen, sondern für Keramikkronen.

Die ließen sich nämlich in Athen, wohin ich zweimal die Woche flog, wesentlich günstiger herstellen als in Deutschland. Rainers Verbindungsmann Costa war Dispatcher in Athen-Eleftherios Venizelos und brachte mir die Kronen in weißen Plastiktüten an die hintere Treppe. Meinen Kollegen gegenüber verkaufte ich die Lieferung als kulinarische Spezialitäten, die ich griechischen Freunden aus Kreuzberg mitbringen sollte. Wir haben alle drei richtig gutes Geld verdient. Und das wäre sicher auch so weitergegangen, wenn wir nicht nach drei Monaten aufgeflogen wären. Irgendein Kunde hatte den Zahnarzt gewechselt und dadurch herausgefunden, dass seine Kronen nicht dem deutschen Standard entsprachen. Damit war Rainer raus aus dem Geschäft, musste vor Gericht und kam sogar in den Knast.

Mir ging ganz schön der Arsch auf Grundeis. Wenn er singen würde, wäre ich nicht nur meinen Job los, sondern müsste wahrscheinlich auch einige Monate abbrummen.

Also bin ich bewaffnet mit einer Tupperdose voll mit seinem Leibgericht Königsberger Klopse in Moabit eingeritten. Seine Freude war groß, meine weniger. Mit Engelszungen beschwor ich ihn, bloß die Klappe zu halten. Er ließ mich allerdings erst vom Haken, nachdem ich ihm Stein und Bein geschworen hatte, dass ich beim nächsten Deal wieder dabei wäre. Aber Gott sei Dank bin ich ihm nie wieder begegnet und die Zahnarztmafia hat in diesem Fall auf Blutrache verzichtet.

15

DER BOMBENLEGER
ODER FRÜH ÜBT SICH

Berlin/München. Wir hatten mal wieder zwei Scheidungswaisen an Bord, sogenannte UMs (Unaccompanied Minors).

Der sechsjährige Paul war jedes zweite Wochenende on tour zu seinem Erzeuger und hatte meine Nerven schon so einige Male überstrapaziert. Wenn ich mir den so ansah mit seinen Kopfhörern, seiner fast bis auf die Knie runtergezogenen Rapper Jeans und blinkenden Chucks an den Füßen, glaubte ich nicht mehr an meine Rente mit 65. Bis die Generation aus dem Knick kommt, maloche ich bis 80. Diesmal fehlten ihm die Eckzähne und die freistehenden Schneidezähne erinnerten mich an einen fiesen, kleinen Nager.

Der Zweite hieß Leon, trug Fliege, Weste und Cordhose. Ich würde mal sagen Waldorfschule und wahrscheinlich kann er seinen Namen tanzen. Irgendwie tun mir diese Kids natürlich leid, die wie beim Hundesharing hin und her geschoben werden. Kein Wunder, dass die alle leicht einen an der Klatsche haben und irgendwie lost wirken. Würde ja jedem so gehen, wenn er nicht weiß, wo er nun eigentlich hingehört.

Wenigstens plärrten die beiden nicht, als die Dispatcherin sie mir vor den anderen Passagieren auf die Maschine brachte. Das hatte ich auch schon anders erlebt. Manche mussten geradezu gewaltsam durch den Finger gezerrt werden, warfen sich schreiend auf den Boden, weil sie nicht schon wieder ihre gerade lieb gewonnene Homebase verlassen wollten. Und dann wundern sich Eltern noch, dass ihre Kinder ADS haben. Ist doch alles hausgemacht.

Paul trat mir gleich mal vors Schienbein, als ihn auf 4F bugsieren und anschnallen wollte. Er könne das alleine. Ich sei voll peinlich, schließlich wäre er schon sechs. Er zog sich demonstrativ ein neongrünes Frottee-Stirnband über, wie ein Krieger vor dem Kampf.

Ich dachte mir nichts weiter dabei und kümmerte mich um den wesentlich sympathischeren und ruhigeren Leon. Als ich ihn neben Paul auf den Gangplatz setzen wollte, versteifte sich allerdings sein kleiner Körper und dicke Tränen kullerten seine Wangen herab. Was habe ich denn jetzt falsch gemacht?

»Oh Mann, son Vollspacko«, zischte Paul gemein, während ich mich bestürzt zu dem »kleinen Lord« runterkniete und so sensibel wie möglich in Aussicht stellte, dass er bald seinen Papa wiedersehen würde. Doch das schien ihn auch nicht zu beruhigen. Mit zitternder Unterlippe rückte er schließlich raus mit der Sprache.

Er wollte auch am Fenster sitzen.

Ein zwar kleines, aber dafür logistisches Problem. Die Maschine war voll. Und Paul tauschte bestimmt nicht. Auch mit Süßigkeiten war der bestimmt nicht zu bestechen, seinen kleinen Hintern auf 4D zu hieven. Also brachte ich Leon erst mal ins Cockpit. Sollten doch die Jungs mal Babysitter spielen. Trainiert fürs Leben. Und später fand sich hoffentlich ein Kinderfreund, der dem verzogenen Balg seinen Fensterplatz abtrat.

Das normale Boarding konnte beginnen, und ich stimmte mich schon mal darauf ein, circa 150 Mal »Guten Morgen« zu sagen.

Ungefähr nach dem 30. Mal glaubte ich zuerst, mich verhört zu haben. Irgendjemand äffte auffällig ähnlich meine Stimme nach. »Guten Morgen, guten Morgen.«

Frechheit! Was soll das? Ich blickte in die Kabine und konnte mir das Lachen kaum verkneifen. Auf 5D stand ein großer Käfig mit einem bunten Papagei, der mich von seiner Stange aus frech anblinzelte. Den könnte ich mir eigentlich ausleihen und wie Captain Hook auf die Schulter setzen. Würde meine Stimmbänder ungemein schonen. Wunderbare Vorstellung.

Auf 3F saß eine sympathisch wirkende ältere Engländerin. Sie erzählte mir gleich, dass sie selber drei Enkelkinder hatte, und setzte sich auf meine Bitte hin ohne viel Trara auf 4D. Erleichtert holte ich unser Sensibelchen aus dem Cockpit.

Der kleine Scheißer bedankte sich noch nicht mal. Offensichtlich war er es gewohnt, mit dicken Krokodilstränen seinen Willen durchzusetzen. Paul empfing ihn gleich mit einem Tritt in die Rückenlehne. Ich wies den Rüpel in die Schranken und verpasste ihm gleich mal eine leichte Kopfnuss, was pädagogisch bestimmt nicht on top ist, aber dafür wirksam. Er starrte mich jedenfalls erschrocken an.

»Machen Sie sich keine Sorgen, das hat noch keinem geschadet«, beruhigte mich ein älterer Mann auf 5C.

Es ging bunt weiter. Als Nächstes wollte Leon seine Steppjacke nicht ausziehen. Ich drohte ihm mit einem Hitzschlag, doch das beeindruckte ihn überhaupt nicht. Im Gegenteil, er zog sich noch die Kapuze über den Kopf und glotzte trotzig aus dem Fenster. Okay, sollte er doch ersticken. Auch als ich den beiden Gören die Kinderüberraschungsbox überreichte, kam weder von dem einen noch von dem anderen ein Dankeschön. Mir auch egal, ich hatte echt noch anderes zu tun. Zum Beispiel die Vogelbesitzerin darauf aufmerksam zu machen, dass ihr Papagei während des Fluges nicht auf der Stange sitzen bleiben konnte, weil er bei Start und Landung sowie bei Turbulenzen abstürzen und die Airline weder für Flügel- noch für Genickbruch gradestehen würde. Irgendwie kam ich mir mal wieder vor wie die fliegende Supernanny.

Kaum waren das Main Gear eingefahren und die Anschnallzeichen erloschen, klingelte es bereits permanent von 4F. Schon wieder diese Kröte! Es blieb mir nichts anderes übrig, als nach vorne zu hechten. Er stand auf seinem Sitz, hielt sich an der Lehne fest und deutete anklagend auf Leon.

»Der hat da was heimlich versteckt«, krähte er mir entgegen.

»Gar nicht wahr, gar nicht wahr«, gab Waldorfi mit unerwartet kräftigem Organ zurück.

»Doch da, in seiner Tasche, da bewegt sich was.«

Bei mir schrillten die Alarmglocken. Jetzt musste ich den auch noch filzen. Kann man nur hoffen, dass er nicht 'ne Vogelspinne dabeihatte.

»Los, Tasche auf!«, herrschte ich ihn an. Keine Reaktion.

»Geh weg, du bist böse«, giftete Leon stattdessen zurück.

»Ich werde gleich richtig böse, und wenn du jetzt nicht spurst, dann gehst du raus in den Hof zum Spielen!«

Wieder kullerten Tränen. Darauf kann ich ja nun gar nicht.

»Ist nicht so gemeint«, machte ich auf versöhnlich. »Zeig mir doch einfach, was du in deiner Tasche hast, und alles ist gut.«

Mit einem tiefen Schluchzer holte er nun einen kleinen, goldfarbenen Hamster hervor. »Das ist Fridolin, mein bester Freund. Der ist immer bei mir, den lass ich nie allein«, flüsterte er mit tränenerstickter Stimme.

Jetzt war ich selbst kurz vor dem Heulen. Doch das half uns nicht weiter. Ich musste die beiden trennen, denn Fridolin war ein Nager, und wenn der hier spazieren ging und ein wichtiges Kabel anknabberte, war Holland in Not. Da ich Pickel kriege, wenn ich solche Viecher nur sehe, geschweige denn anfasse, forderte ich Leon auf, mit Frido nach vorne zu kommen, da gäbs einen sicheren Platz für seinen Freund. Blitzschnell überlegte ich, worin ich das Vieh ausbruchsicher verstauen könnte, ohne dass es erstickte. Vielleicht im Weincooler. Die Wände sind so glatt, da kam er bestimmt nicht hoch.

Schweren Herzens stimmte der Junge zu und ich musste bei meinem Leben schwören, dass niemand seinem Frido etwas tun würde. Also gut, Indianer-Ehrenwort. Wenn das mal nicht leichtfertig war.

In der Business passierte es dann. Frido hatte offensichtlich, wie auch Leon, seinen eigenen Kopf und flutschte ihm aus der Hand.

Frido allein unterwegs! Ach wie ich Kinder und Tiere doch liebe!

»Fang ihn wieder ein!«, herrschte ich den Jungen an, der auch sofort unter den nächsten Sitz krabbelte.

»Frido, Frido«, heulte es von unten. Die Businessleute, die das kleine Drama mitbekommen hatten, bückten sich nun ebenfalls suchend nach unten, und auch ich nahm die Vierfüßlerstellung ein. Im Rock kam das ja immer besonders vorteilhaft rüber. Ich spürte sofort, wie sich von meinem Hintern eine fette Laufmasche den Weg nach unten suchte. Im gleichen Moment sah ich Frido an mir vorbei in die Holzklasse flitzen. Ich auf allen vieren hinterher.

»What are you looking for, my dear?«, fragte die nette Engländerin auf 4D.

Und da sieht man mal wieder: Selbst in der High Emergency hatte ich noch einen guten Spruch auf Lager. »I am looking for the fucking glory of this job«, antwortete ich cool, was lautes Gelächter hervorrief. Tja, die Engländer haben eben Sinn für Humor.

Frido war inzwischen vollständig untergetaucht. Jetzt mussten alle ran. Ich rappelte mich auf und machte eine Ansage, die weder im Manual steht, noch ich je geprobt hatte: Ladies and Gentlemen, wir bitten um Ihre Mithilfe. Wir suchen dringend Fridolin. Fridolin ist Leons Hamster, der hier irgendwo unterwegs ist. Es wäre wirklich superwichtig, nicht nur für Leon, sondern für uns alle, dass wir ihn finden.«

Da Passagiere sowieso beim Einsteigen ihr Gehirn abgeben und sich voll auf uns verlassen, entstand gar kein Zweifel, und fast wie auf Kommando waren von einem Moment auf den anderen alle Heads down und die Maschine wirkte gespenstisch leer. Zu allem Überfluss fing just in diesem Moment die Mühle auch noch kräftig an zu schaukeln. Einige haute es sogar vom Sitz. Und bestimmt waren sich am Boden des Mittelgangs der eine oder andere dabei näher gekommen.

Von Frido allerdings keine Spur. Leon heulte und Paul saß nicht mehr auf seinem Platz. In meiner Hamsterfixierung hatte ich ihn völlig aus den Augen verloren.

Plötzlich ein platschendes Geräusch! Gefolgt von einem Aufschrei. Dann sofort der nächste und noch einer. Vor mir eine Frau mit pitschnassen Haaren, neben mir ein Mann mit durchtränkter Hose, als hätte er hineingemacht. Ich kriegte 'n Föhn.

Der Verursacher war natürlich Paul. Er stand auf 1D und donnerte mit Wasser gefüllte Luftballons aus der Kinderüberraschungsbox in die Kabine.

Ich raste nach vorne, wurde dabei von einer seiner Wasserbomben an der Brust getroffen und riss den Bengel vom Sitz. Am liebsten hätte ich ihm schon wieder eine geknallt. Doch er grinste mich nur dreist an. Das hier sei seine Party. Ich sperrte ihn ohne Empathie ins Klo, wo noch zwei weitere »Bomben« auf dem geschlossenen Klodeckel auf den Einsatz warteten. Sollte ich ihn vielleicht noch mit unseren Notfallhandschellen an den Klohaltegriff fesseln? Das hier grenzte ja schon fast an Bedrohungsstufe zwei.

Als ich kurz in den Spiegel sah, kriegte ich einen Schock. Mein schwarzer Spitzen-BH von Victoria's Secret drückte sich anzüglich durch die weiße Bluse, was nun alles andere als dem Uniformcodex entsprach. Doch darauf konnte ich jetzt keine Rücksicht nehmen. Ich schnappte mir eine Packung dicker Tücher für die geduschten Passagiere und sperrte die Klotür mit meinem Spezialschlüssel ab.

Gott sei Dank fing keines der Opfer einen Talk im Turm an oder fragte nach den Beschwerdekarten. Sie rubbelten sich grinsend trocken und die Kabine kehrte langsam in den Normalzustand zurück.

Nur von Frido noch immer keine Spur. Leon saß wie ein Häufchen Elend auf seinem Platz und wollte nicht einmal mehr zum Fenster rausschauen.

Das Cockpit, dem natürlich das ganze Drama nicht verborgen geblieben war, funkte schon den Tower in Berlin an, ob wir umkehren könnten. Aber dann wendete sich doch noch alles zum Guten, zumindest, was unsere Weiterreise nach München betraf.

Meine Kollegin Andrea hatte im Heck schon mit den Servicevorbereitungen begonnen und war bereits mit ihrer Karre losgezogen, als eine kleine, aber ungewohnte Bodenwelle sie stoppen ließ. Ihr schwante Übles. Sie setzte zurück. Und da lag er: Frido, platt wie 'ne Flunder.

»Wir haben ihn«, informierte sie mich daraufhin sofort über das Interphone. Ich atmete schon erleichtert durch. Doch als sie mir das endgültige Ausmaß des Dramas schilderte, musste ich mich erst mal setzen. Wie nur sollte ich das jetzt wieder hinbiegen? Schließlich hatte ich Leon mein Indianer-Ehrenwort gegeben.

Ich informierte als Erstes das Cockpit und überlegte dann, ob nicht vielleicht jemand in München am Boden schnell einen neuen Hamster besorgen könnte. Dazu fiel mir natürlich gleich meine engagierte Dackelaktion zu Beginn meiner Flugbegleiterlaufbahn ein. Vielleicht besser nicht. Das könnte wieder irgendwie schieflaufen. Und einen weiteren Eintrag in die Personalakte konnte ich mir gerade so gar nicht leisten.

Also bewaffnete ich mich schon mal mit einer Packung Taschentücher und steuerte auf 3F zu. Das würde nicht einfach werden.

16

SCHOCKGEFROREN

Dritter Moskauflug in diesem Monat. Ich hasste diese Destination. Solche Tage würde ich am liebsten ganz aus meinem Kalender streichen und in diesem Fall wäre das auch das Beste gewesen. Denn zu allem Überfluss merkte ich beim Briefing, dass ich meinen Reisepass zu Hause hatte liegen lassen.

Die Gräfin wollte unbedingt noch, dass ich ihr im Sanitätshaus Pech ein Anti-Decubitus-Kissen, sprich einen Hämorrhoidenring, besorgte. Ich hatte mich schon gewundert, dass sie sich beim Frühstück gar nicht erst hinsetzte. Das alte musste wohl geplatzt sein. Sie hat seit Jahren eingewachsene Hämorrhoiden und panische Angst vor einer OP. Mein Frühstück blieb also unberührt.

Bei Pech sperren sie erst um 10 Uhr auf und ich musste eine halbe Stunde vor dem Laden rumhängen und auf Stützstrümpfe, erhöhte Toilettenbrillen und Badewannen-Lifter starren. Und als ich dann mit fliegenden Fahnen zurückhechtete, verlangte sie auch noch, dass ich ihr den Ring aufblies, obwohl mir sowieso schon der Kittel brannte.

Und in der Hektik blieb der Pass eben in meiner Privathandtasche.

Da wird schon nichts passieren, dachte ich und beschloss, vor den anderen meine Klappe zu halten. Ich neigte sowieso dazu, meine Fehler eher zu vertuschen, als mich selber reinzureiten. Muss allerdings zugeben, dass ich bei solchen Aktionen schon öfter auf eine Tellermine getreten bin.

Die Maschine stand heute auf einer Außenposition und wir mussten eine kleine Flughafenrundfahrt machen, bis wir unseren fliegenden Arbeitsplatz erreichten. Ich wunderte mich noch, warum die Mühle so nahe am Zaun stand, konnte ja jeder drüberspringen und billig einchecken. Außerdem war weder von den Cateringleuten noch vom Tankwagen eine Spur zu sehen. Irgendwie schien heute alles anders und ich hatte von Anfang an ein komisches Gefühl im Bauch. Und das nicht nur wegen des Passes.

Ich durfte sogar die vordere Entry Door von außen öffnen, was sonst nur dem Kapitän vorbehalten war. Innen roch es nach Desinfektionsmittel und ich musste schon wieder an das Sanitärhaus denken. Sonst gähnende Leere. Dem netten Bruno Larson schwoll ausnahmsweise der Kamm. Er machte in drei Sprachen gleichzeitig beim Dispatcher Druck, der sofort hektisch zu telefonieren begann. Wenn sich da nicht was zusammenbraut, dachte ich schon wieder. Aber vielleicht waren solche Gefühle ja auch Blödsinn und ich bin einfach nur Hämorrhoidenkissen-geschädigt.

Und dann ging auch alles ruck, zuck. Nur boardeten zu meiner Überraschung keine russischen Geschäftsleute mit ihren wasserstoffblonden Gespielinnen, sondern das Orchester der Münchner Philharmoniker.

Schien sich ja doch alles zum Guten zu wenden. Irgendjemand hatte verpennt, uns mitzuteilen, dass das ein Sonderflug war. Deshalb stand die Maschine auch abseits, weil das Boarding länger dauern würde. Die empfindlichen Holzinstrumente durften nämlich nicht in den Laderaum, sondern wurden auf freien Sitzen festgeschnallt. Ich erinnerte mich daran, wie auf einem Flug nach Prag die Berliner Philharmoniker einmal ganz spontan über den Wolken einen Beethoven losgelassen hatten. Das hatte mir gut gefallen, auch wenn ich sonst eher würgen muss, wenn mich ein Typ in die Oper oder zu sonstigem Gefiedel einlädt. Dauert ja meist auch viel zu lang. Eine Symphonie mit zwei Sätzen würde schließlich auch reichen.

Unzählige gut verpackte Instrumente fanden also ihre Plätze neben ihren Besitzern und mit leichter Verspätung ritten wir high noon vom Hof.

Doch noch immer wurde ich mein komisches Gefühl nicht los und nach dem Start bestätigte es sich auch. Bruno funkte mir, dass es Schwierigkeiten mit der Hydraulik des Nose Gears gab. Es ließ sich aus unerfindlichen Gründen nicht einfahren. Merkwürdig, denn die Maschine kam gerade frisch aus der Wartung.

Wir hatten nicht genug Kerosin, um mit dem Bremsklotz am Bein bis Moskau durchzuhalten. Das hieß umkehren! U-Turn.

Geringe Begeisterung bei den Musikern, die noch am selben Abend eine ausverkaufte Vorstellung im Bolschoi-Theater hatten.

Doch es half alles nichts. Also wieder anschnallen und zurück auf Anfang.

Kurz nach der Landung glaubte ich meinen Augen nicht zu trauen, als ich aus dem kleinen Fenster über meinem Klappsitz schaute: Unter dem Flugzeug taumelte eine menschliche Gestalt mit total zerfetzter Kleidung hervor und brach dann mitten auf dem Rollfeld zusammen.

Wo kam der denn her? Wir verständigten sofort Sanitäter und Feuerwehr. War er vielleicht der Bremser?

Erst später kam heraus, dass es sich um einen marokkanischen Abschiebehäftling handelte, der das Flugzeug verwechselt hatte und dachte, wir würden in die USA fliegen. Er hatte sich in den vorderen Fahrwerkschacht gepresst, wodurch das Nose Gear nicht mehr einrasten konnte. Wäre Bruno nicht rechtzeitig umgekehrt, hätte es ihn in 10.000 Meter Reiseflughöhe bei minus 50 Grad schockgefroren. Kein gutes Image für die Airline. Kein gutes Ende für den Flüchtling.

In diesem Fall war es jedoch noch mal gut gegangen und Bruno stand als Held da, etwas, was für die meisten Männer ja die Sternstunde ihres Lebens bedeutet.

Natürlich hielten wir uns nicht lange am Boden auf, schließlich mussten wir ja unseren Flugplan einhalten. Wir waren schon wieder in der Luft, als man uns über ACARS mitteilte, dass Mustafa Rajid Kälteverbrennungen vierten Grades erlitten hatte, aber überleben würde.

Später habe ich dann erfahren, dass die Airline ihn sogar eingeladen hat, um in einer Trockenübung vorzumachen, auf welche Weise er es überhaupt geschafft hatte, in diesen Kasten zu gelangen. Macht ja auch Sinn, um in Zukunft weiteren Unfällen dieser Art vorzubeugen zu können. Und inzwischen soll er es sogar bis nach Amerika geschafft haben.

Wir erreichten jedenfalls Moskau mit zwei Stunden Verspätung. Das reichte gerade noch, dass die Philharmoniker pünktlich zu ihrem Auftritt kamen. Ein Konzert über den Wolken gab es diesmal nicht, aber dafür eine kleine umgekehrte Strip-Show. Sie zogen sich nämlich noch in der Maschine Frack, Hose und Fliege an und ich bekam den einen oder anderen gut gebauten Körper zu sehen. Auch mal nicht schlecht.

Am Finger stand bereits unsere alte Freundin Wolga-Olga und zog eine Schnute, als sie Bruno und nicht Andreas aus dem Cockpit kommen sah. Liebe muss nicht immer schön sein, dachte ich mir. Mittlerweile tut mir die Frau schon richtig leid und ich richtete ihr schöne Grüße von Andreas aus, obwohl er mir die gar nicht aufgetragen hatte. In ihrem Gesicht ging ein klein wenig die Sonne auf. Natürlich reine Berechnung von mir, damit sie nicht noch auf die Idee kam, wieder alle unsere Pässe sehen zu wollen.

Stattdessen packte sie jedoch Bruno am Arm, der mir einen hilfesuchenden Blick zuwarf, und zerrte ihn die Treppen runter unters Cockpit, wo sich ein hässlicher nasser Fleck auf dem Asphalt ausgebreitet hatte: Hydraulikflüssigkeit.

Das musste beim Asylanten-Transport passiert sein. Ich war schon wieder am Pumpen. Bedeutete das diesmal tatsächlich eine Nacht in Moskau? In der Milbenhochburg? Denn den hoch qualifizierten russischen Technikern ist es bei Todesstrafe untersagt, Hand an unsere Maschinen zu legen. Und die deutschen Ingenieure konnten frühestens morgen hier rübergebeamt werden.

Tja, da half alles nichts. Der Crewbus, um uns ins Zentrum des Zarenreichs zu bringen, war bereits bestellt. Und da schallte es auch schon in hartem Englisch aus Wolga-Olga heraus: »Passports please.«

Wie stellte ich das jetzt bloß an? Mir musste irgendwas einfallen! Doch so sehr ich meine grauen Zellen da oben auch massierte, es kam nichts. Die anderen zeigten ihre Pässe, während ich mich unschuldig im Hintergrund hielt. Vielleicht übersah sie mich ja. Doch das war natürlich eine grobe Fehleinschätzung. Sie baute sich wie die Aufseherin in einem Frauenknast vor mir auf und wiederholte: »Passport«, diesmal ohne »please«.

Ich stotterte: »Andreas loves you and he will marry you soon.« Was anderes fiel mir beim besten Willen nicht ein. Doch der Name Andreas schien die Sache nicht besser zu machen. Im Gegenteil. Ihre Miene verdunkelte sich noch mehr und ich musste nun endgültig die Hosen runterlassen.

Damit war ich raus aus dem Rennen.

Die anderen warfen mir noch mitleidige Blicke zu, bevor sie abdüsten. Eine jüngere Kollegin, die mir noch nie besonders wohlgesinnt war, konnte sich natürlich einen blöden Spruch nicht verkneifen: »So 'ne Nacht im Iglu ist bestimmt auch 'ne Erfahrung fürs Leben.«

Tja, wenn ich diese Nacht überhaupt überlebte!

Zwölf Stunden in der Eishölle standen mir bevor, denn die Maschine blieb über Nacht ohne Strom und einen batteriebetriebenen Heizlüfter brächte mir bestimmt keiner. Was hatte ich heute eigentlich verbrochen, dass mich der liebe Gott so bestrafte? Ich habe der Gräfin ihr Hämorrhoidenkissen gekauft, wir haben einem Mann das Leben gerettet und die Münchner Philharmoniker pünktlich an ihr Ziel gebracht. Was denn noch, lieber Gott? Warum lässt du mich jetzt erfrieren oder noch schlimmer, eine Blasenentzündung bekommen?

Da ich von oben keine Antwort bekam, ergab ich mich in mein Schicksal und traf die wichtigsten Überlebensmaßnahmen: Plünderung sämtlicher Alkoholika aus den Units, Sammlung aller vorhandenen Decken und Kopfkissen. Ich riss mehrere Sitzpolster heraus, die nur mit Klettverschlüssen festgemacht waren, um bei einer Notwasserung als Schwimmhilfen zu dienen, und baute mir daraus im Mittelgang ein Bett. Darüber kamen Decken, Kopfkissen und am Schluss noch mein Uniformmantel. Und dann nichts wie drunter. Mehrere Wodkafläschchen und zwei Cabernet Sauvignon standen in Reichweite.

Mustafa hatte mir vorher schon leidgetan, aber in dieser Nacht konnte ich bestimmt erst richtig nachempfinden, was der arme Kerl durchmachen musste. Blieb nur zu hoffen, dass das Thermometer bei minus 20 Grad stehen blieb. Obwohl, der Erfrierungstod soll ja ein süßer sein.

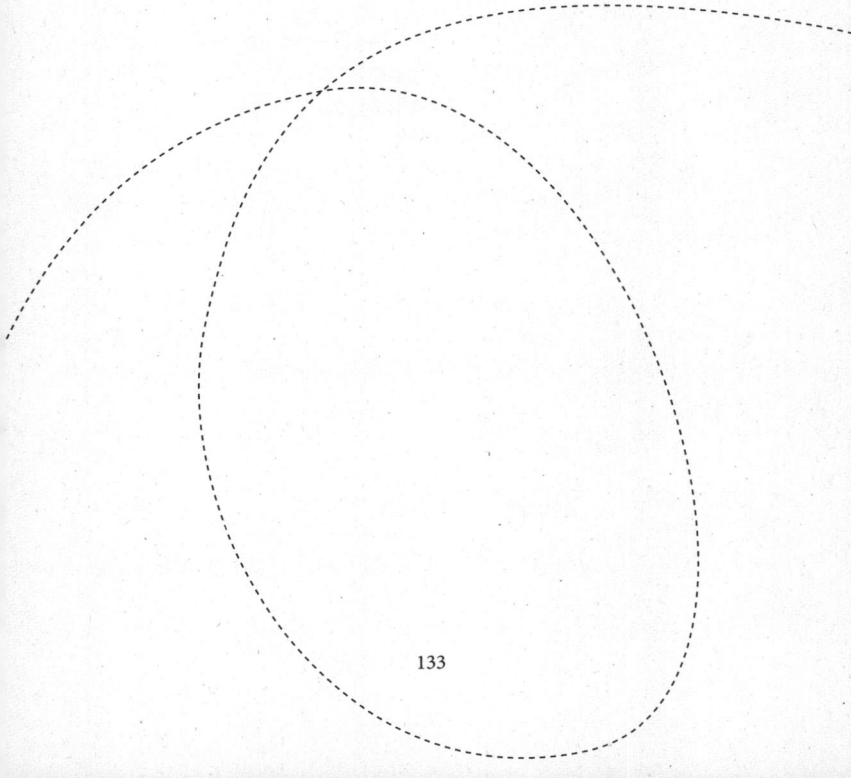

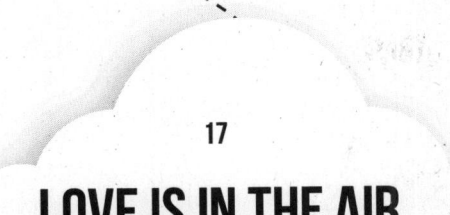

17

LOVE IS IN THE AIR

CGN nach CDG, sprich Köln/Bonn nach Paris. Das hieß nur eine Stunde Flugzeit. Die Herde würde hier in spätestens zehn Minuten einlaufen. Als gut abgerichtete Düse kochte ich schon mal Kaffee vor und machte die Thermoskanne muckelig warm. Ich hatte schon mehrfach auf den Brew Button eingehämmert, doch das rote Lämpchen wollte partout nicht aufleuchten. Ich hörte auch nix. Brühte das verdammte Ding jetzt, oder nicht?

Wahrscheinlich musste man nur die Birne auswechseln, aber selber Hand anlegen war ja verboten. Man könnte ja irgendwas an den heiligen Geräten hier zerstören. Also forderte ich über Funk Maintenance an. Die würden mich zwar für voll bebirnt halten, aber trotzdem musste hier zügig jemand einreiten. Ich nutzte die Zeit, um eine Minisiesta einzulegen, als mich eine warme Stimme wieder ins Hier und Jetzt holte.

»Hey dear, what can I do for you?« Ich drehte mich in Zeitlupe um. Vor mir stand ein Baum mit Rastalocken.

Schnappatmung. Es taute mich auf der Stelle weg und ich brauchte einen Moment, bis ich mich wieder am Zügel hatte und zumindest stottern konnte: »Der Bruuhhh-Knopf.«

Kurzes Unverständnis. »I beg your pardon?«

Ich sah bestimmt schon selber aus wie 'ne Glühbirne, meine Zunge klebte am Gaumen und ich konnte nur spastisch auf das Problem zeigen. Der Typ brachte auf Anhieb alle meine Nerven zum Vibrieren. Er erkannte natürlich gleich das Problem, bekam aber mit seinen riesigen Pranken das kleine Birnchen nicht zu fassen. Und ich registrierte erleichtert, dass auch er von der Situation nicht ganz unbeeindruckt schien. Als ich ihm helfen wollte und unsere Hände sich berührten, schossen 1.000 Volt durch meinen Körper. Und ihm standen wohl kaum wegen dieser anspruchsvollen Tätigkeit die Schweißtropfen auf dem Schädel. Animalische Düfte stiegen mir in die Nase. Am liebsten hätte ich ihm jetzt, wie ich letztens in einem Tierfilm über Löwen gesehen hatte, in den Hals gebissen. Aber das ging ja wohl nicht.

»Haben Sie Lust, mit mir am Wochenende in den Zoo zu gehen?«, brach es stattdessen voll verpeilt aus mir heraus. Ich hätte mir auf die Zunge beißen können, doch er reagierte äußerst smart.

»Why not?«

Ich lief schon wieder rot an und merkte, wie sich hektische Flecken an meinem Hals breitmachten.

»Sunday, three pm. At the main entrance«, hörte ich ihn nur noch sagen, während er die Galley verließ und nur noch sein Aroma mir bestätigte, dass dies kein Traum war.

Ich hätte tanzen können. Der Typ passte voll in mein Beuteschema. Wer einmal einen Farbigen hatte, fasst ein Bleichgesicht nur noch mit der Kneifzange an. Ich liebe schwarze Musik, schwarze Klamotten und schwarze Kerle. Die grooven einfach mehr ab.

Mein Begrüßungslächeln beim Boarden musste an diesem Morgen anders gewesen sein als sonst, denn ich bekam jede Menge Komplimente und auch sonst gabs keine der üblichen Gepäckverstauprobleme. Absolut magisch.

Nachdem auch alle brav ihre Halfter umgelegt hatten, ließ ich mich, noch immer den Bauch voller Schmetterlinge, auf meinem Klappsitz nieder. Schoss allerdings sofort wieder hoch.

Was war das denn? Mir klebte eine langstielige Baccara-Rose am Hintern. Vom »Baum« konnte die unmöglich sein? Wäre ja doch etwas zu magisch.

Meine Kollegin Leslie befreite mich lachend davon, zog mir einen stecken gebliebenen Dorn aus dem Hintern und gestand leicht verschämt, dass dieser immer wieder gern gesehene Liebesbeweis ihr galt. Ich wusste natürlich sofort, wer der Rosenkavalier war. Olaf Benson, unser heutiger Kapitän. Die beiden brauchten schon länger nur ein Hotelzimmer. Offensichtlich hatte er unsere Sitze verwechselt.

Hut ab, Leslie, dachte ich. Direkt an vier Streifen angedockt und über Jahre mit allen Mitteln gegen die Konkurrenz verteidigt. Die schläft schließlich auch nicht und wächst vor allem ständig nach.

Jetzt brauchte nur noch die Kutsche mit den weißen Pferden vorzufahren, dann hatte sie für alle Zeiten ausgesorgt und musste sich keine Krampfadern mehr an die Beine fliegen.

Mich haben die Streifenhörnchen ehrlich gesagt nie wirklich interessiert, erstens sind die wenigsten bei uns farbig und zweitens glauben sie noch immer, jede schreit gleich Hurra, sobald sie die vier Pommes am Ärmel sichtet. Wenn die Jungs sich ausziehen, sind die ja schließlich nicht auf ihre Hintern tätowiert.

Ich musste dauernd an den »Baum« denken. Wie er wohl heißt, wo er wohl herkommt. Ob er wirklich am Sonntag auftauchen würde.

Ich spielte glatt mit dem Gedanken, ob ich vorsichtshalber morgen noch bei Victoria's Secret reinspringen sollte. Denn schon Tante Irmi hat immer gesagt: »Kind zieh dir vernünftige Schlüpper an, du weißt nie, was passiert.« Wollen wir mal hoffen, dass was passiert.

Shit, der Typ ging mir den ganzen Tag nicht mehr aus dem Kopf. Kommt bei mir eher selten vor. Ich schreib Liebe inzwischen sowieso mit fünf i's. Kommt von Iiiii … Ist doch alles nur Illusion. Spätestens nach zwei Monaten lügt man sich was vor und die Langeweile ist vorprogrammiert. Von den Enttäuschungen mal ganz abgesehen.

Ich fragte mich sowieso schon lange, wofür diese Liebesgefühle überhaupt gut sein sollen, wenn man nicht vor hat zu brüten. Die lenkten einen doch nur vom Wesentlichen ab … sprachs … und da wars auch schon passiert.

Ich dachte, ich hab eine Dose Pfirsichsaft in der Hand, schüttelte sie, damit der Fruchtmatsch sich besser verteilte, hatte aber eigentlich eine Coladose in den Pfoten. Als ich sie öffnete, schoss das klebrige Zuckerwasser wie eine Fontäne über mehrere Köpfe hinweg.

Schlagartig war ich wieder runter von der rosa Wolke und leistete professionell erste Hilfe. Rössel, reiß dich zusammen! Leslie, die mit mir am Trolley stand, konnte gar nicht fassen, dass mir so was passierte.

»Captain Kirk an Uhura, please beam me up«, flüsterte sie mir zu. Unser geflügelter Spruch, um jemand in die Normal Operation zurückzuholen. Ich versuchte mich mit voller Energie zu erden und es gelang mir innerhalb kürzester Zeit wieder, meine gewohnte Kabinenpräsenz zu entfalten. Und das typische Knacken des Interphones, durch das bestimmt gleich eine dieser nervigen Wetter- und Flugrouten-Durchsagen kam, die ich schon mitsprechen kann, holte mich endgültig zurück.

»Meine Damen und Herren, hier spricht Ihr Kapitän Olaf Benson und ich bitte für einen Moment um Ihre Aufmerksamkeit ...«

Doch die Normalität hielt nur einen kurzen Moment an, dann übernahm Amor an diesem Tag schon wieder das Steuer.

»Dies hier ist eine Ansage in privater Angelegenheit. Liebe Leslie, könntest du bitte kurz den Service unterbrechen.«

Pause. Leslie wurde weiß wie ihre Bluse. Da knackte es wieder.

»Leslie, du bist die Liebe meines Lebens. Wir haben beide so oft den Globus umrundet und sind in verschiedene Richtungen geflogen, dass es jetzt Zeit ist, endlich eine gemeinsame Flugroute zu wählen. Willst du meine Frau werden?«

Ein Raunen ging durch die Passagierreihen. Leslie musste sich erst mal auf eine Armlehne setzen.

»Captain Kirk an Uhura. Beam me up, Scotty«, flüsterte ich ihr diesmal zu. Ganz langsam hob sie den Kopf und sah mich mit feuchten Augen an.

»Jetzt geh schon und erlöse den armen Kerl da vorne«, forderte ich sie auf und gab ihr einen kleinen Schubs.

Sie rappelte sich hoch und sämtliche Passagiere riefen begeistert: »Ja, ja ... sie will«, und machten eine La-Ola-Welle wie im Fußballstadion. Meine mit wahrer Liebe meist unterversorgte Düsenseele erblickte heute die Sonne. Ich musste fast heulen.

18

GOLLABOMBER

TXL/ADA, sprich Berlin nach Adana in der Türkei. Ein typischer »Gollabomber«. Wie üblich Abflug 22.30 Uhr. Damit die Maschinen nicht ungenutzt nachts rumstehen, setzen viele Airlines sie für billige Nachtflüge ein. Ein anderer Grund für die späte Stunde ist: wenn ein Türke in seine Heimat fliegt, bringen ihn mindestens zehn Familienmitglieder zum Flughafen. Fände das zu den Peak-Zeiten statt, würde die Abflughalle sich wahrscheinlich jedes Mal in einen orientalischen Basar verwandeln. Und im Flieger ist es oft nicht anders. Von Waschmaschinentrommeln, Speiseölkanistern, Fernsehern über gefrorene Ziegen- und Schafshälften bis hin zu Heizdecken und Kindersitzen ist alles dabei. In ihren rot-blau karierten Plastiktüten mit Reißverschluss schleppen sie Federbetten, Pampers, Damenbinden und sonstige Drogerieartikel in die Non-EU.

Alles passt natürlich nicht in die Bins und vieles muss eben doch runter ins Cargo. Da heißt es wirklich Durchsetzungsvermögen beweisen, denn keiner will sich von seinem Gelumpe trennen. Verstehe ich auch irgendwie, denn auf manchen türkischen Kleinflughäfen wird, sobald die Maschine auf dem Rollfeld zum Stehen kommt, der Frachtraum geplündert. Und so muss ich den Passagieren ihre Schätze manchmal geradezu entreißen.

Zu allem Überfluss gibts auf solchen Flügen noch nicht mal Bordkarten. Die meisten kämen damit sowieso nicht klar, was das Chaos nur noch steigern würde. Erschwerend kommt noch hinzu, dass wir nur 15 Schoßkinder mitnehmen dürfen, zur Not 20. Meistens sind es auch 20. Nur leider haben manche das Vorschriftsalter weit überschritten. Doch Diskussionen darüber erspart man sich am besten.

Ein weiteres Problem besteht auch darin, dass Fatma ungern neben einem fremden Ali sitzen will und sich Frauen deshalb meist auf die eine und Männer auf die andere Seite setzen. Daraus kann ein fatales Trimmproblem entstehen, was sogar manchmal dazu führt, dass die Maschine nicht hochkommt. Und jetzt mach das mal 170 Passagieren ohne technisches Verständnis und ohne

Deutsch- und Englischkenntnisse klar. Meist beginnt dann eine Art Reise-nach-Jerusalem-Spiel. Alle wieder hoch und alle wieder neu einordnen.

Mir blieb beim Headcount diesmal keiner übrig, sondern dummerweise fehlte ein Passagier. Zwar nur ein Schoßkind, aber das musste ja auch irgendwo abgeblieben sein. Ich zählte noch mal die Kinder. Es waren tatsächlich nur 19. Wie konnte das denn sein? Eine Kollegin überprüfte auch noch mal und kam zum selben Ergebnis.

Erst als neben mir jemand noch einmal ein völlig überfülltes Bin öffnete und mir ein schwerer Aktenkoffer auf die Schulter knallte, lösten wir das Rätsel. Gott seis gelobt. Denn als ich den Koffer wieder verstaute, entdeckte ich ein paar zuckende Beinchen mit nur einer roten Socke an. Dazu gehörte ein Baby in einem Maxi-Cosi im Tiefschlaf. Ich glaubte, ich spinne. Das war doch keine Babyklappe! Wäre der Koffer jetzt nicht runtergeflogen, hätten wir bei Ankunft einen Passagier weniger gehabt. Ich wuchtete also den Kindersitz raus und fragte mit nicht mehr ganz so relaxter Stimme nach der Besitzerin. Minutenlang meldete sich niemand. Dann stand ein junges Mädchen auf, wahrscheinlich noch nicht mal 18, und kam schüchtern auf mich zu. »Anne (Mutter)?«, fragte ich in meinem inzwischen gar nicht so schlechten Türkisch. Sie nickte. Ich drückte ihr das Kind in den Arm und ersparte mir lange Erklärungen, was passiert wäre, wenn das Kind den gesamten Flug in der luftdichten Gepäckablage verbracht hätte.

Endlich: Boarding completed. Es konnte losgehen ins Morgenland.

Das Dröhnen der Triebwerke mischte sich mit den Suren der Muslime, die fleißig die Perlen ihrer Gebetsketten abbeteten. Für den Rückflug bei Sonnenaufgang haben wir spezielle Decken dabei, die wir in der Galley auslegen. Darauf kann dann einer nach dem anderen in gebeugter Stellung sein Morgengebet absolvieren. Erleichtert natürlich den Service ungemein.

Schon kurz nach dem Start werden meist erste kulturelle Unterschiede deutlich. Viele haben ihr eigenes Essen mitgebracht, da unsere Trollies für diese Flüge noch nicht zum Dönerspieß umgerüstet wurden. Es riecht nach Knoblauch, Minze, Olivenöl gemischt mit Kinderpup und Männerschweiß. Da muss man schon einen stabilen Magen haben. Zu trinken wollen sie fast alle »Golla«. Neuen Kolleginnen steht dann meist das Fragezeichen im Gesicht. Ich weiß natürlich Bescheid. Wir verteilen bei solchen Flügen meist über 100 Coladosen – daher auch der Ausdruck »Gollabomber«.

Groß ist oft auch das Geschrei nach Aspirin, was wir in so großen Mengen gar nicht an Bord haben. Ich habe inzwischen meine eigene Methode, sie von ihrem Schmerz zu befreien, und gebe einfach Süßstoff, der sich ebenfalls sprudelnd im Wasserglas auflöst. Wirkt Wunder. Ganz schön fies, aber was soll man machen.

Manchmal halte ich es auch einfach nicht mehr aus, dass dauernd jemand an meinem Arm zerrt, weil er irgendwas will.

Natürlich sind nicht alle Türken so. Man bekommt im Gegensatz zu anderen Flügen oft eine warme Fürsorge zu spüren, die ich gar nicht gewohnt bin. Da hab ich plötzlich eine geschälte Orange in der Hand oder eine Mutti bringt uns einen Teller Baklava in die Galley.

Was ich auch immer ganz rührend finde, ist, wie sie sich gegenseitig helfen und unter die Arme greifen. Ich hab noch nie einen deutschen Enkel erlebt, der seiner Oma die Schuhe zubindet, oder eine Tochter, die ihrer Mutter während des ganzen Flugs die Hand hält. Wir Deutschen sind da ja eher Gefrierschränke. In meiner Familie musste jeder selbst schauen, wo er blieb. Händchenhalten und Schuhezubinden war da nicht. Und ich fürchte, das ist auch heute bei uns Deutschen nicht wirklich üblich, auch wenn nach außen alles porentief rein scheint.

Ich war noch ganz absentminded, als ich aus dem Augenwinkel einen kleinen Jungen wahrnahm, der sich den Schlitz aufmachte und frisch-fröhlich an den Rutschenkasten am hinteren Exit strullerte. Das ist doch kein Pissoir! Ich stürzte auf ihn zu, doch das Malheur war nicht mehr zu stoppen. Das Rinnsal bewegte sich bereits in Richtung Kabinengang, wo es im Teppichboden versickern würde. Lecker.

In der Toilette, wo ich hastig ein paar Papierhandtücher aus dem Kasten zog, erwartete mich die nächste Katastrophe. Eine Türkin, mit mehreren übereinandergezogenen Röcken, sah mich mit hochroter Birne an. Sie schien ihren Hintern nicht mehr hochzukriegen. Irgendwie hatten sich wohl ihre Röcke beim Abziehen in der Toilette festgesaugt. Ohne Worte.

Eins nach dem anderen, ermahnte ich mich und versuchte, ruhig zu bleiben. Auf alle Fälle erst mal Gummihandschuhe an und einen Mundschutz. In letzter Sekunde stoppte ich das Bächlein des kleinen Türken, bevor es die Kabine kontaminierte. Dann zurück zu Fatma ins Klo. Ich nahm sie an den Unterarmen und zog sie mit ganzer Kraft hoch. Keine Chance. Nicht, dass ich noch das Klo mit abriss.

Da gabs nur eine Lösung. Ich holte mir aus der Galley die Schere, die eigentlich dazu diente, Milchtüten aufzuschneiden. Irgendwie musste ich sie ja freibekommen. Also ran an den ersten Rock. Er war aus anatolischer Pferdewolle und forderte mein ganzes schneiderisches Können.

»Das wird jetzt ein Minirock«, versuchte ich, sie aufzumuntern. Doch sie verzog keine Miene. Wahrscheinlich verstand sie mich nicht. Inzwischen hatten wir so einiges Publikum. Auch ihr Ehemann hatte sich eingefunden und schimpfte in türkischer Sprache laut auf sie ein, was jetzt wirklich nicht half. Stattdessen sollte er lieber seine Frau hochziehen, soweit es ging, damit ich mehr Platz zwischen Po und Toilettenrand hatte. Ich gab alles, bis der letzte Faden durchgetrennt und Fatma frei war. Mit ganzer Wucht fiel sie nun auf ihren schmächtigen Mann, der beinahe zwischen Wand und Toilettentür zerquetscht wurde.

Es war ein Bild für die Götter, als sie schließlich abzog. Vorne der Rock lang und hinten kurz. Doch daran konnte ich mich leider nicht lange ergötzen, denn eine Aufgabe wartete noch auf mich. Ich überschritt endgültig meine Ekelgrenze, als ich die angesaugten Rockreste aus der Toilette zog und im Waste Bin versenkte. Erleichtert streifte ich Mundschutz und Gummihandschuhe ab und fiel auf meinen Sitz. Ich konnte jetzt wirklich eine Ganzkörperdesinfektion gebrauchen.

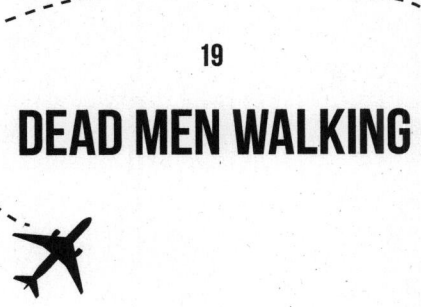

19

DEAD MEN WALKING

Endlich Sonntag. Die Woche kam mir vor wie die längste meines Lebens. Ich war bereits seit 6 Uhr wach und konnte nicht mehr einschlafen. Um nicht jetzt schon durchzudrehen, powerte ich mich erst mal mit einem kleinen Halbmarathon um den Schlachtensee aus. Anschließend hing mir der Magen auf halb acht, trotzdem bekam ich nicht einen Bissen runter. Dann stand ich verzweifelt vor meinem Drei-Meter-Kleiderschrank und hatte null Plan: How to dress for success? Hosenanzug zu spießig, Seidenfähnchen zu kalt, Lederrock und Stiefel könnten falsche Erwartungen wecken. In diesem Moment klingelte mein Handy. Crewing! Komisch, dachte ich, ich habe doch keine Bereitschaft. Schließlich hatte ich mir diesen Tag von allem, was stören könnte, frei gehalten.

Die säuselnde Stimme am anderen Ende ließ mich nun allerdings ins Schwanken geraten. Ein Sonderflug nach Tunis stünde an. Abflug 18.30 Uhr. Und dazu ein ziemlich überzeugendes Angebot. 450 Euro extra, nicht zu versteuern. Ich brauchte einen Moment, bis ich antworten konnte, aber schließlich siegte meine Gier. Für 450 Euro konnte man seinen Hormonspiegel schon mal runterdrücken. Verschoben war ja nicht aufgehoben. Ich sagte zu. Erst als ich den Hörer aufgelegt hatte, fiel mir siedend heiß ein, dass ich ja nicht einmal eine Telefonnummer, geschweige einen Namen von meinem Traumprinzen hatte. Ich musste also unbedingt zum Zoo, wenn ich nicht riskieren wollte, dass er mir wieder vom Haken flutschte. Versetzen ließ der sich wahrscheinlich nur einmal. Das hieß, ich hatte knappe zwei Stunden, um meine Magnetkraft voll zu entfalten und ein neues Date auszumachen.

Nachdem ich mich ungefähr 17 Mal umgezogen hatte, sah mein Schlafzimmer aus wie nach einem Bombenangriff. Am Ende wurde es das, was ich immer trage. Jeans, Pulli, Chucks und sicherheitshalber ein Trenchcoat. Zum Angeben legte ich mir noch meine nigelnagelneue TAG Heuer aus Edelstahl an. Schließlich kam ich ja nicht aus Marzahn. Am besten, er schnallte gleich, dass ich mit einem 7,50-Euro-Menü bei McDonald's nicht abzufrühstücken war.

Natürlich kam ich eine halbe Stunde früher als vereinbart und stand wie bestellt und nicht abgeholt zwischen Mamis, Papis und quengelnden Kindern, die keine Lust hatten, sich in die lange Schlange vor der Kasse einzureihen. Aber was war die Alternative? Gegenüber auf der anderen Straßenseite lockte nur eine olle Hartz-IV-Kneipe. Vielleicht sollte ich da kurz reingehen und einen heben, um etwas lockerer zu werden. Ich fühlte mich nämlich wie mit 14 vor meinem ersten Date.

Da drinnen stank es jedoch so nach kaltem Rauch und abgestandenem Bier, dass ich sofort wieder kehrtmachen wollte. Vielleicht doch nicht die richtige Einstimmung fürs erste Beschnuppern. Da rief mir doch so ein zahnloser Alki zu: »Lecker Mädsche, komm rein, wir fressen dich net.«

Okay, überredet. Ich bestellte einen Aperol Spritz, was mir nur ein höhnisches Grinsen einbrachte.

»Tussenbrause gibts hier nicht, 'n Korn kannste haben.«

Bloß nicht. Mit einer Spritfahne den Prinzen von Zamunda treffen, ging gar nicht. Bloß raus hier.

Vielleicht 'n bisschen Window-Shopping. War ja leider Sonntag, da hatte nichts auf. Vielleicht auch gut so. Auf meinem Konto war sowieso gerade ganz schön Ebbe und die Miete für diesen Monat noch nicht überwiesen.

Endlich. 15.15 Uhr. Ich tat natürlich so, als hätte ich es gerade in letzter Sekunde noch geschafft. Der Baum grinste jedoch nur breit. »Du warst doch schon vor 'ner dreiviertel Stunde da«, empfing er mich mit seiner umwerfend warmen Stimme.

Shit! Wieso hatte ich ihn nicht gesehen. Ich blieb nur kurz sprachlos und gab dann schlagfertig zurück. »Na, du ja dann auch!«

»Stimmt«, grinste er jetzt noch breiter. »Hab schon mal Eintrittskarten besorgt, du hast doch bestimmt keinen Bock, hier anzustehen. Außerdem, vielleicht hast du ja gar nicht viel Zeit.«

Da hatte er allerdings recht. Was für ein feinfühliger Typ. Ich schmolz schon wieder dahin.

Ohne viel Drumherumreden erklärte ich ihm, dass ich leider schon in zwei Stunden wieder weg müsse, was er ohne mit der Wimper zu zucken schluckte. Was hatte ich da oft schon für ein Theater mit Männern gehabt, die mit meinem engen Zeitmanagement so gar nicht klarkamen. Das ist auch der Grund, warum ich mich irgendwann nur noch entweder mit Fliegern oder Verheirateten einließ. Da gabs wenigstens in der Richtung keine Vorwürfe.

Ob Jamie verheiratet war? Ein Fangeisen trug er nicht, aber das hieß ja gar nichts. Und bei Farbigen sah man ja auch keinen verräterischen weißen Ring.

Beim Affengehege erfuhr ich, dass er aus Jamaika kam, in England aufgewachsen war und bei der Royal Air Force gelernt hatte. Bei den Zebras, dass er davon träumte, sich irgendwann selbstständig zu machen, um dann vor allem private Boeings von arabischen Scheichs, russischen Milliardären und amerikanischen Executives zu warten. Gefiel mir. Der Mann hatte Bums. Als er mich nach meinen Zukunftsplänen fragte, merkte ich, dass ich gar keine so großen Veränderungen anstrebte. Ich wollte einfach nur weiter fliegen. War zwar nicht immer der Superburner, aber irgendwie hatte ich mich daran gewöhnt.

Inzwischen waren wir bei den Pinguinen angekommen, wo es gerade Nachwuchs gegeben hatte. Hinter mehreren Pinguinmamis wackelten süße Küken her. Jamie freut sich wie ein kleiner Junge und gestand mir, dass die kleinen Frackträger seine absoluten Lieblingstiere waren. Er konnte sich überhaupt nicht sattsehen, und ich hatte echt Befürchtungen, dass er hier Wurzeln schlagen wollte. Wenn ich ihn so ansah, flatterten sogar mir schon gewisse Nestbauflausen durchs Gehirn, was sonst so gar nicht meine Art war. Ich überlegte tatsächlich, wie wohl unsere Kinder aussehen würden. Wahrscheinlich wie süße kleine Schokolinsen. Meine absurde Familienplanung wurde jedoch jäh unterbrochen, als eine wahrhaftige Familie direkt auf uns zukam: Andreas mit Sippe. Sie sahen aus wie die Flodders. Im ersten Moment hatte ich ihn in Zivil gar nicht erkannt. Schon merkwürdig, bei dem Gehalt muss es doch möglich sein, nicht nur im Discounter einzukaufen. Mich erkannte er natürlich sofort. Ein Zusammentreffen war unvermeidbar. Seine Frau, eine ähnlich moppelige Schnecke wie Olga, nur statt rot hellblond gefärbt, begrüßte mich skeptisch. Verständlich, nach zehn Jahren Ehe mit einem Piloten ist jede Flugbegleiterin grundsätzlich eine Erzfeindin. Die Kinder, beide mit Bürstenschnitt, einer mit Brille, einer mit Segelohren, sprengten gemeinsam bestimmt die 100-Kilo-Grenze.

Andreas musterte Jamie auffällig lange mit einer Mischung aus Neid und Hass.

Der nahms gelassen.

»Sind Sie auch bei der Marine? Renate hat da so ihre Vorlieben«, konnte er sich natürlich nicht verkneifen.

Du Ratte, dachte ich nur, das kriegst du zurück. »Olga hat übrigens schon das Aufgebot in Moskau bestellt. Ich weiß nicht, wie du das regeln willst«, gab ich ebenso süffisant zurück.

Die Schnecke zuckte.

Ich nickte den beiden noch mal freundlich zu und zog Jamie mit Nachdruck weiter. Die beiden hatten jetzt erst mal Gesprächsstoff für die nächsten Stunden.

Wir leider auch.

»Wie war das mit deinen Vorlieben?«, wollte Jamie jetzt blöderweise doch wissen.

Ich kam allerdings nur kurz in Erklärungsnot und beschloss, ihm am besten die Wahrheit zu erzählen. Schließlich soll man ja nicht gleich beim ersten Kennenlernen schwindeln. Natürlich die abgeschwächte, kindgerechte Wahrheit. Er grinste nur und dachte sich wahrscheinlich seinen Teil.

Auch egal, ich konnte ihn noch immer knutschen, doch dazu würde es wohl heute nicht kommen. Meine TAG Heuer piepte Abflug. Ich musste ja noch nach Haus, meinen Tarnanzug anlegen und die Kriegsbemalung auflegen. Schade eigentlich, es fing gerade an, so heimelig zu werden. Wie hielt ich die Kochplatte jetzt nur heiß? Am besten einfach ganz direkt. Jamie war keiner, bei dem man lange um den heißen Brei reden musste.

»Du, mein Eierkocher hat einen ›Kurzen‹, könntest du wohl in den nächsten Tagen mal vorbeikommen?«, schickte ich einen ersten Testballon los.

Er raffte es sofort. »Heißt das Frühstück morgen bei dir?«

Ich bekam glatt schon wieder 'ne rote Birne und nickte nur.

»Okay, dann bringe ich frische Brötchen mit, sonst noch irgendwelche Wünsche?«

Ich war sprachlos und überlegte kurz, wann mich das jemand zum letzten Mal gefragt hatte.

»Prima, dann muss ich nur noch wissen, wo du wohnst.«

Ich gab ihm die Adresse der Gräfin und atmete tief durch. Puh, das hätte nicht besser laufen können, jetzt kann man nur zur Allah beten, dass die uns in Tunis zügig drehen lassen und ich morgen früh nicht zu abgerockt dastehe. Ach ja, und ich durfte nicht vergessen, den Eierkocher zu demolieren.

*

Im Briefing holten sie mich von Wolke sieben brutal auf den Boden zurück. Wir sollten 30 Leute in Handschellen mit je zwei Sky Marshals im Schlepptau aus dem Land, in dem Milch und Honig fließen, zurück in ihre Hölle fliegen. Na bravo. Ich hatte in meinem Liebeswahn wohl nicht richtig zugehört, dass es sich um einen Abschiebeflug handelte, sonst hätte ich mir das bestimmt nicht gegeben.

Die sind ja nicht freiwillig unterwegs, und man weiß nie, was in deren Köpfen so vor sich geht. Ich kanns ja irgendwie verstehen, der Maghreb wäre auch nicht meine Welt. Ständig ein Kopftuch tragen, zehn Schritte hinterm Mann herlatschen und alle zwei Jahre einem kleinen Prinzen das Leben schenken. Nicht zu vergessen die geringe Dichte dort an anständigen Schuh- und Modeläden.

Nachdem die Sicherheitsleute die Kabine noch mal nach eventuell vom Putzpersonal versteckten Waffen abgecheckt hatten, trafen auch schon die Abschiebehäftlinge ein. Eigentlich sahen sie ganz normal aus, mit vernünftigem Haarschnitt und rasiert.

Wir sind angewiesen, immer einen Häftling auf den Mittelplatz zu setzen, und je rechts und links einen Tony Marshall, wie wir die Sicherheitsleute unter uns nennen.

Mit den Jungs ist übrigens nicht zu spaßen. Obwohl sie nicht aussehen wie die Klitschko-Brüder, brechen sie dir schnell mal mit links das Genick. Ihre Wummen müssen sie nämlich beim Einsteigen dem Kapitän aushändigen. Denn käme es zum Schusswechsel, könnte die Außenwand der Kabine durchlöchert werden und der Druck würde sofort abfallen. Nur die Munition bleibt am Mann.

Die Deportees werden jedoch, sobald sie sitzen, von ihren Handschellen befreit, damit sie bei einem Crash oder einer Notwasserung eigenständig agieren können. Das macht den Krimi für alle etwas aufregender.

Eine ungewohnte Spannung lag in der Luft.

Ich hatte ein richtig mieses Gefühl, so als wäre ich allein in einer finsteren Tiefgarage und erwartete, gleich überfallen zu werden. Die Gesichter der Afrikaner wirkten völlig emotionslos. Trotzdem war mir natürlich klar, dass sie einen riesigen Hass auf uns schieben mussten. Wenn der nur mal nicht auf 10.000 Meter Höhe explodierte!

Ich machte einen solchen Flug zum ersten Mal und fühlte mich leicht überfordert. Wie sollte man in so einer Stimmung einen normalen Service abreißen? Sprach ich die armen Typen jetzt direkt an, auf Englisch oder Französisch oder über die Sky Marshals auf Deutsch? Durfte ich ihnen überhaupt heiße Getränke servieren, oder schüttete mir einer womöglich kochendes Wasser ins Gesicht?

Auf was man alles kommt, schalt ich mich selber. Doch trotz aller positiven Gedanken wurde ich das Gefühl nicht los, dass noch irgendwas passieren würde. Am besten nicht weiter drüber nachdenken.

Alles ging gut und nach Abschluss des Services – Dutyfree kam hier wohl eher nicht infrage – dunkelten wir die Maschine ab, damit alle noch mal eine Mütze Schlaf bekamen, bevor wir landeten.

Ich hatte hinten Galley-Wache und musste alle 20 Minuten die Toiletten checken. Jemand könnte ja Plastiksprengstoff im After reingeschmuggelt haben oder irgendetwas Ähnliches. Zur Beruhigung meiner Nerven schnitt ich mir eine Milchtüte auf und bereitete mir ein mitgebrachtes Müsli zu. Doch ich hatte noch nicht mal den zweiten Bissen runtergeschluckt, als mich jemand hochriss und mir die Schere, die ich blöderweise offen hatte liegen lassen, an den Hals hielt.

Ich sah nur das Weiß seiner Augen.

»Keinen Ton«, sagte er kaltblütig auf Französisch zu mir, »sonst töte ich dich.«

Ich versuchte, die Rosine in meinem Hals zu ignorieren, die dort quer hing und gleich einen Hustenanfall auslösen würde.

»Sage deinem Kapitän, er soll nach Amerika fliegen.«

Der Typ drückte die Schere durch mein Halstuch, dass ich die kalte Spitze auf meiner Haut spürte. Idiotischerweise dachte ich in diesem Augenblick an den »Lederlappen«, bei der ich mir ja ein neues abholen müsste, falls ich überlebte. Mit zitternden Händen griff ich nach dem Hörer:

»Renate hier, hintere Galley, Bedrohungsstufe vier, der Täter will, dass wir in die USA fliegen«, flüsterte ich heiser in das Interphone.

»Was ist los, heute so auf sanften Pfoten, hats dir vielleicht einer von denen angetan?«, frotzelte der Pilot.

Mir war zum ersten Mal in meinem Leben nicht nach Spaß zumute und ich wiederholte diesmal laut und deutlich mein Sprüchlein. Diesmal hatten sie es gerafft. »Bleib ganz ruhig, wir kümmern uns.«

Es knackte nur noch in der Leitung. Der Tunesier hielt meinen Oberkörper immer fester, als ob er mich gleich zerquetschen wollte. Sein Schweißgeruch stieg mir unangenehm in die Nase. Sein Atem roch säuerlich.

Zwei Sekunden später waren zwei Sky Marshals zur Stelle. Ich war denen allerdings scheißegal. Mit mir redeten die gar nicht, stattdessen versuchten sie, mit dem Häftling einen Deal auszuhandeln. Er hätte sowieso keine Chance und würde im Moment seine Situation nur verschlechtern. Es wäre ohnehin nicht genug Kerosin im Tank, um in die USA zu fliegen. Das hieß zurück nach Frankfurt. Und zurück auf deutschem Boden, könnte sowieso niemand mehr für sein Leben garantieren. Und für meines natürlich auch nicht. Ich sah schon vor meinem inneren Auge die GSG 9 aufmarschieren und in Stellung gehen. Oh Jamie, sollte es schon zu Ende sein, bevor es überhaupt angefangen hatte? Sollte unser Ausflug in den Zoo unser erster und auch schon unser letzter gewesen sein? Ich schloss die Augen und hörte die Bemühungen der Sky Marshals nur noch wie durch einen Vorhang. Lieber Gott, wie lange soll denn der Talk im Turm hier noch dauern? Warum kloppen die den nicht einfach nieder? Männer haben es doch sonst auch nicht so mit reden. Ich konnte kaum noch stehen und musste auch mal.

Mir rasten tausend Sachen durch den Kopf, wie ich den Typ auf meine Weise erweichen könnte, mich endlich loszulassen: Vielleicht schwanger? Oder: Muss sofort nach Hause, hab den Herd brennen lassen? Oder vielleicht besser: das Bügeleisen nicht ausgesteckt? Alles nicht der Bringer. Na, und dass ich frisch verliebt war, ging dem sowieso am Arsch vorbei.

Die Marshals schafften es nicht, den Kerl zu überzeugen, und mir war inzwischen klar, dass wir umgedreht hatten. Meine Bluse klebte am Hemd des Tunesiers. O Scheiße. Wenn es wirklich zum GSG-9-Einsatz kam und die anderen Häftlinge möglich noch durchdrehten, der Super-GAU wäre vorprogrammiert. Die Zeit wollte nicht vergehen und mir platzte gleich die Blase.

Noch immer hielt es keiner der Herren für nötig, mich ins Gespräch einzubeziehen. Ich kam mir vor wie ein Dummy beim ADAC, bei dem es egal ist, ob er an die Wand knallt oder nicht. Dann erinnerte ich mich dunkel, im Training gelernt zu haben, warum. Der Täter, der ja kein Deutsch versteht, würde nämlich glauben, ich verbündete mich mit den Marshals gegen ihn und könnte dadurch zu einer weiteren Wahnsinnstat angeregt werden. Okay. Also Klappe halten.

Nach gefühlten drei Stunden wurde die Landung in Frankfurt angekündigt, die hoffentlich sanft ausfiel, sonst hätte ich die Schere endgültig im Hals und wäre hier verblutet. Ich sah schon die Titelseite der Bild-Zeitung vor mir. »Flugbegleiterin in der Bordküche erstochen.«

Wir setzten glücklicherweise butterweich auf. Ich bemerkte, dass wir von der Landebahn bis zu unserer weit abseits liegenden Außenposition vom Bundesgrenzschutz eskortiert wurden. Auch zwei Sanitätswagen standen bereit. Hoffentlich hatten die auch Blutkonserven dabei.

Bevor wir zum Stehen kamen, wiesen die Marshals den Tunesier noch einmal auf die Aussichtslosigkeit seiner Situation hin und endlich, endlich – ich fasste es kaum – legte sich bei ihm der Schalter um. Er brach innerlich zusammen und ließ von mir ab. Zu spät. Ich erreichte die Toilette nicht mehr.

Ende gut, alles gut. Man wolle mich ins Krankenhaus bringen, doch ich wollte nur nach Hause. Eine halbe Stunde später saß ich in einer komfortablen Limousine und fuhr in Richtung Berlin. Der Fahrer fragte immer wieder, wie ich mich fühle. Eigentlich ganz okay. Ich dachte nur daran, dass ich morgen früh in meinem eigenen Bett aufwachen würde und Jamie persönlich die Tür aufmachen konnte.

Die eigentlichen Schocksymptome sollen ja bekanntlich erst ein paar Tage später auftreten. Doch ich musste in den folgenden Tagen die Geschichte so oft hoch und runter erzählen, dass ich gar keinen

Termin mehr beim Betriebspsychologen brauchte. Und Jamie tat auch das Seine, um mich glücklich zu machen. Das war sowieso die allerbeste Therapie.

20

DER BEISSER

Charterflug nach Malle. 6.05 Uhr. Ich war noch im Halbschlaf. Die Nacht war kurz, obwohl ich Jamie wie üblich um zwei Uhr morgens rausgeschmissen hatte. Das klingt grausam, geht aber nicht anders, da er leider jede Nacht den Grunewald abholzt. Da würde ich kein Auge zumachen und am nächsten Tag aussehen wie eine Vogelscheuche. Ich brauche sowieso schon etwas länger als meine jüngeren Kolleginnen, bis ich morgens geschminkt und fertig bin. Und dann kommt da seit Neuestem auch noch, die Tortur mit den Kompressionsstrümpfen dazu. Ja, hilft nichts. Ist immer noch besser, als sich Krampfadern an die Beine zu fliegen. Frühstücken kann ich um diese Zeit leider noch gar nichts und packe mir für später zwei Bananen, einen Apfel und drei Hände voll Trockenmüsli ein. Denn was wir den Passagieren vorsetzen, kann man vielleicht einmal im Monat, aber auf keinen Fall täglich verspeisen.

Dann gings wie immer im Schweinsgalopp zur Haltestelle und mit der letzten Lumpensammler-S-Bahn Richtung Tegel. Hier riecht es am Morgen wie in 'ner Kneipe nach Schweiß und abgestandenem Bier. Aber man gewöhnt sich schließlich an alles. In meiner blauen Uniform wirke ich immer wie ein Kontroletti und zwei Jugendliche mit Bierflaschen in der Hand verließen sofort fluchtartig die Bahn. Obwohl ich heute vor lauter Müdigkeit sogar auf meinen berühmt-berüchtigten Satz »Die Fahrscheine bitte« verzichtet hatte.

Noch immer im Schlafwandler-Modus passierte ich die Personalkontrolle und zog mir meine grüne Warnweste an, dass ich auf dem Vorfeld nicht noch von einem Pushback-Wagen überfahren würde. Die restliche Crew wartete bereits in der Briefingwabe, ähnlich breit geklopft wie ich. Einzige Ausnahme: ein junger, gut gebauter Co-pilot, der wie ein überdrehter Duracell-Hase schon mit den Hufen scharrte und alle zwei Minuten auf seine fette Breitling starrte. Streber. Immer das Zeitmanagement im Nacken. Armer Kerl. In ein, zwei Jahren rollt der auch langsamer.

Es waren noch fünf Sekunden vor fünf, als er zum Aufbruch blies und sich trotz gerade erst einsetzender Morgendämmerung seine Porsche-Brille aufsetzte. It's never too dark to be cool.

Bruno, der Kapitän, ein alter Hase, verdrehte nur kommentarlos die Augen.

Die obligatorischen Vorbereitungen an Bord waren wie immer schnell erledigt und die Meute konnte einlaufen. Der einzige Vorteil von Frühflügen ist, dass die meisten Passagiere noch recht verpeilt sind und die Meckerquote relativ niedrig ist. Hauptsächlich Rentner und Familien mit kleinen Kindern fliegen so früh, weil sie dann noch was vom Tag haben.

Boarding completed, Bins schließen, Safetydemo und ready for take off.

Wir waren kaum in der Luft, die Hauptfahrwerke noch nicht mal eingefahren, da hörte man schon die ersten »Bings« und diverse Lämpchen über den Sitzen leuchteten auf. Hunger! Noch immer ein Phänomen für mich. Wie kann man nur so gierig auf diesen Fraß sein. Für die meisten noch immer das Highlight eines jeden Flugs, da kommt weder die gerade aufgehende Sonne noch das schneebedeckte Großglockner-Massiv links unter uns dagegen an.

Ich musste mindestens fünf Passagieren erklären, dass sie sich etwas gedulden müssten. Denn die Fütterung der Raubtiere kann erst beginnen, wenn die Reiseflughöhe von 10.000 Meter erreicht ist. Dann finden Gummibrötchen, Analogkäse, überzuckerte Marmelade in Plastik und fettarmer Joghurt mit Erdbeeraroma ihre Liebhaber. Und selbst erkennbare Ökoliesls mampfen alles kommentarlos in sich hinein. No comment!

Aus der Kaffeekanne dampft Nescafé-Aroma plus leichter Chlorgeruch. Das kommt von der Reinigung der Wassertanks. Nicht unbedingt gesundheitsfördernd. Aber auch das scheint niemanden zu stören. Meine Kanne ist meist nach fünf Minuten leer und ich muss sie auffüllen.

Während die Essensausgabe noch erträglich ist, bedeutet das Einsammeln und Einordnen der nur teilweise abgefressenen Tabletts, oft die Ekelgrenze zu überschreiten.

Der ganze, völlig unnötige Plastikmüll macht mich inzwischen richtig sauer. Oft wissen wir gar nicht wohin damit.

Ich sammelte gerade die letzten Tabletts ein, als ich von einem Passagier auf 21F gerufen wurde. Ein älterer Herr mit Gamsbarthut, Walkjanker und leicht hängendem Unterkiefer sah mich verstört an.

»I hob a Problem«, nuschelte er im niederbairischen Dialekt.

»Das werden wir schon gemeinsam lösen«, antwortete ich gut abgerichtet.

»I hob mei Unterkieferprothesen aufm Tablett liegen lassen. Die bräuchat i unbedingt wieder.«

Wie bitte? Ich bin zwar recht fremdsprachenbegabt, aber das Bairische geht mir nun doch nicht so gut ins Ohr. Deshalb fragte ich sicherheitshalber noch mal nach.

»Sie hom mi scho recht verstanden. Etzat bringans ma doch bittschön mei Tablett zruck.«

»Ich blickte entsetzt auf meinen Full-Size Trolley, der bis oben hin mit abgefressenen Tabletts vollgefüllt war, und schüttelte den Kopf.

»Tut mir leid, die Zeit haben wir nicht. Wir landen in einer halben Stunde«, konnte ich nur höflich zurückgeben.

Er sah mich panisch an: »… aber i hob all inklusiv gebucht. Und die hom so a guats Essen.«

Meine Empathiewerte nach so vielen Jahren Düsen-Dasein sind kaum mehr wahrnehmbar. Trotzdem wollte ich den »Feinschmecker« nicht hängen lassen. Mir fiel allerdings nichts anderes ein, als den guten Mann selbst nach seinem Gebiss suchen zu lassen. Denn meine Kollegin Daggi stand schon scharrend mit dem Duty-free-Trolley in der vorderen Galley und machte hektische Armbewegungen, dass sie loslegen wollte.

»Ja, wie moanans jetzt des?«, nuschelte der zahnlose Bayer.

»Ganz einfach: Sie kommen jetzt mit in die Bordküche und durchsuchen die Karre hier. Und das z wie zügig.«

Ich schob den Trolley also in die vordere Galley und er folgte mir mit missmutigem Gesicht, noch nicht ahnend, was ihm bevorstand.

»Am besten fangen Sie von unten nach oben an«, erklärte ich ihm, aus Erfahrung klug. »Sonst haben Sie gleich eine leckere Mischung von Joghurt, Kaffee, Tee und Tomatensaft an den Händen.«

Er nickte nur stumm, zog sich aber vorsichtshalber seinen Walkjanker aus und reichte ihn mir. Der Hut blieb auf. Dann ging er ächzend in die Knie. Da zwei Tabletts immer aneinanderhängen, kann man maximal vier auf einmal herausziehen. Das macht bei 120 Essen 30 Mal rausziehen und wieder reinschieben. Er legte los, wenn auch noch etwas zögerlich. Ich überließ ihn seinem Schicksal und half meiner Kollegin.

Erst nachdem wir fünf Toblerone, drei Jill Sander Sun, zwei Davidoff Cool Water, ein aufblasbares Flugzeug, eine neongrüne Swatch-Armbanduhr, ein Kartenspiel und einen Kugelschreiber, alles für sage und schreibe 220 Euro, verkauft hatten, ertönte ein Jubelschrei aus der Bordküche.

»I hobs, i hobs!«

Die ganze Paxe dreht sich zu ihm um, als der Bayer, stolz sein Gebiss wie eine Trophäe in der erhobenen Hand haltend, zu seinem Platz zurückkehrte. Wahrscheinlich hatte er Applaus erwartet, doch der blieb aus.

Daggi sah mich fragend an: »Was für Drogen hat der denn genommen?«

Ich erklärte ihr kurz die Situation und lief dann zu 21F.

»Moanans Sie kannten mir des kurz obspuin«, fragte er zahnlos strahlend und hatte mir auch schon das völlig verschmierte Gebiss in die Hand gedrückt.

Ich war einen Moment sprachlos, was wirklich selten bei mir vorkommt, biss die Zähne, die ich wenigstens noch habe, zusammen und lächelte. Das war wirklich hart an der Schmerzgrenze und dann immer dieses Scheißlächeln. Manchmal bekomme ich es abends gar nicht mehr aus meinem Gesicht.

Ich schloss also meine Hand um das Corpus Delicti und trabte zur vorderen Galley, um meine Kolleginnen, die hinten beschäftigt waren, zu schonen. Eigentlich müsste es für so einen Fall Ekelzulage geben oder mindestens die Streichung einer meiner Missetaten aus der Personalakte.

Kaum dort angekommen, wollte der dynamische Copi jetzt auch noch seinen Morgenkaffee, liebevoll von Mutti mit Milch und Zucker und an den Sitz gebracht. Bruno lebte gerade in Scheidung und hatte Magenprobleme, sodass er fast gar nichts aß oder trank.

Okay. Dann alles mal wieder gleichzeitig. Wasser heiß machen zum Desinfizieren des Gebisses und einen »Weißen Süßen« für den Copi. Jetzt bloß nicht die Becher verwechseln, dachte ich noch, als schon die Cockpittür aufging und ein männlicher, braun gebrannter, leicht behaarter Unterarm mit der typischen Breitling-Manier nach einem der Becher griff. Ich hatte überhaupt keine Zeit zu reagieren.

Den darauf folgenden Schrei kann sich wahrscheinlich jeder vorstellen. Die Cockpittür schlug mir an den Kopf, was mich fast niederstreckte, zumindest ein paar Sternchen sehen ließ. Deshalb nahm ich die darauf folgende Schimpfkanonade auch nur gedämpft wahr. Der Körper hilft sich doch immer wieder selber.

»Ich hab schon immer gewusst, dass du was gegen mich hast …«, brüllte er: »… aber das … das ist eindeutig eins zu viel.« Er drückte mir den Becher mit der bayerischen Unterkieferprothese in die Hand und knallte ohne ein weiteres Wort die Tür hinter sich zu.

Ich verzichtete darauf, ihm den richtigen Becher zu geben, da ich vermeiden wollte, die volle Ladung Kaffee ins Gesicht zu bekommen. Stattdessen taumelte ich noch leicht benommen zurück zu 21F und reichte dem Bayern den Becher mit seiner Unterkieferprothese.

»Si san ja ganz bleich«, sagte er besorgt. »Mei, des duat ma jetz wirklich leid, dass ich earna so vui Umständ gmacht hab. Aber vergessen dua i des eana fei nie …«

»Kommt vom Herzen«, sollen wir in so oder ähnlichen Situationen sagen.

21

AUF ENTZUG

Ich hatte Spätschicht und war erst um sieben komatös in mein Bett gefallen. Um 10 Uhr klingelte es Sturm. Ich ließ es klingeln, sollte doch die Alte aufmachen, wahrscheinlich wieder eine Sendung von irgendeinem Versandhaus, bei dem sie aus Langeweile jede Woche etwas anderes, vom Heizkissen bis zum Entsafter, bestellte. Erst nach dem siebten Mal fiel mir ein, dass sie ja zu ihrer Schwester aufs Land gefahren war. Also rappelte ich mich hoch und versuchte, meine Luken zu öffnen. Eine war völlig mit schwarzer Wimperntusche verklebt, musste ich wohl gestern Abend beim Abschminken übersehen haben. Der Briefträger musterte mich misstrauisch, zumal ich nur ein Snoopy-T-Shirt und 'n String-Tanga trug. Er erkundigte sich vorschriftsmäßig nach meinem Namen, ließ mich dann den Rückschein unterschreiben und überreichte mir ein blaues Couvert vom Human Resource Management meiner Airline.

Juhu, Gehaltserhöhung, dachte ich. Wird ja auch Zeit nach all dem Elend. Ich ging in die Küche und schmiss erst mal die Espressomaschine an. Mein Pulver war leider alle, aber ich wusste natürlich, wo die Gräfin ihre Kaffeedose versteckt hatte, und langte kräftig zu. Nach der ersten Tasse stand ich dann doch halbwegs gerade. Ich riss den Umschlag auf. Und dann zog es mir erst mal den Teppich unter den Füßen weg. In fetten schwarzen Lettern stand da als Überschrift: Kündigung.

Das war doch 'n Joke! Ich musste mich erst mal setzen.

Der Rest war ziemlich klein gedruckt und ich musste meine Brille suchen.

Mir wurde heiß und kalt zugleich. Und auch schlecht, als hätte mir jemand voll in den Magen gehauen. Was hatte ich denn jetzt schon wieder verbrochen? War mein Kontingent an Abmahnungen endgültig überschritten? Aber das hätten sie mir doch mitteilen müssen. Okay, jetzt erst mal ganz ruhig.

Ich überflog den Text und verstand so langsam das Ausmaß der Katastrophe. Meine Airline war verkauft worden und wir Mitarbeiter alle verraten. 900 von uns waren entgegen Integrationsversprechungen nicht übernommen worden. Genauer gesagt 899 und ich. Ich musste mir erst mal einen Hörnerwhisky von der Gräfin reinhauen, und diesmal füllte ich die Flasche nicht mit Wasser auf, was ich normalerweise tue, damit sie es nicht merkt.

Wie soll ich denn jetzt ohne meine geliebte Fliegerei auskommen? Ich bin zwar oft angenervt, habe auch sicher schon die eine oder andere soziale Macke, aber wenn ich nicht regelmäßig über den Wolken hänge, werde ich krank. Das ist so, als wenn man einer Wasserschildkröte den Stein wegnehmen würde.

Man forderte mich auf, innerhalb von 14 Tagen meine Uniform und alle Manuals und Ausweise abzuliefern.

*

Der Weg zum Lederlappen in die Kleiderkammer fühlte sich an wie der Gang zum Schafott. Und ihre Worte wirkten wie das dazugehörende Fallbeil.

»Jedem Neuanfang liegt ein Zauber inne«, grinste sie breit. »Und übrigens, hier wird eine Stelle frei. Ich geh in Rente.«

Kommentarlos knallte ich ihr meine Uniform auf den Tresen und drehte ab.

»Auf Wiedersehen«, rief sie mir noch höhnisch nach.

Bestimmt nicht, dachte ich mir. Aber was jetzt?

Eine Woche später hatte ich bereits einen Termin beim Arbeitsamt. Vielleicht war ja alles gar nicht so schlimm und sie hatten schon bald was Neues für mich.

Eine Zwillingsschwester des Lederlappens empfing mich im Wedding, Müllerstraße 45, Zimmer 502. Sie war für meine Integration in eine neue Berufswelt zuständig. Sozusagen meine Gehhilfe. Mein Rollator.

Frau Beinhart, sie hieß wirklich so, war noch in meinen ausgefüllten Fragebogen vertieft, als ich eintrat. Ohne aufzublicken murmelte sie: »Umschulung kommt bei Ihnen ja wohl nicht mehr infrage, bei Ihrem Alter. Und Sie wissen schon, dass Sie sich bundesweit bewerben müssen, weil Sie ja keine Familie haben.«

Ich schluckte erst mal. War das vielleicht ein Vorwurf?

»Die Familienplanung ist bei mir noch nicht abgeschlossen«, gab ich mit trockenem Mund zurück.

Vielleicht war das ja jetzt die Zeit, Jamie vor den Traualtar zu zerren, damit ich in Berlin wohnen bleiben konnte. Musste ich ihm ja nicht erzählen, dass ich sonst abgeschoben würde.

Frau Beinhart belehrte mich weiter, dass ich bereits in Kürze schriftliche Einladungen zu Vorstellungsgesprächen bekommen würde, denen unverzüglich nachzukommen war. Ansonsten würden mir zehn Prozent von meinem ALG I abgezogen. Und da Flugbegleiterin kein gelernter Beruf war, musste ich alles von der Fleischfachverkäuferin bis Zimmermädchen annehmen.

Ich war kurz davor, dass mir die Sicherung durchbrannte. Und dafür hatte ich 30 Jahre einbezahlt! Das konnte doch nicht wahr sein. Werden wir hier alle in diesem Land total verarscht? In meinem Alter, erklärte mir Frau Beinhart weiter, gehörte ich bereits zu den »Best Agern« und die sind am allerschwersten vermittelbar.

Ich kam mir vor wie eine übrig gebliebene Promenadenmischung im Tierheim.

»Und wenn mich keiner mehr nimmt, was dann?«, skizzierte ich den Worst Case.

»Keine Sorge, wir lassen Sie nicht im Stich. Wir bieten Ihnen sogar begleitende Maßnahmen, um die sozialen Kontakte aufrechtzuerhalten, damit Sie nicht vereinsamen.«

Sehr beruhigend. »Und die wären?«, erkundigte ich mich trotzdem mal vorsichtshalber.

Sie kramte aus einer Ablage eine Broschüre hervor und hielt sie mir hin. Ich las nur die Überschriften, die mir bereits die Haarspitzen spalteten: Muschelsuchen an der Spree, Spargelstechen und holländischer Holzschuhtanz. Klang wirklich verlockend. Aber noch war nicht aller Tage Abend. Irgendwas lief doch schließlich immer.

Und außerdem hatte ich ja schon selbst Bewerbungen an diverse Airlines rausgeschickt.

Eine Woche später flatterte auch schon das erste Jobangebot vom Arbeitsamt ins Haus: Eine Firma, die Brautpaare im Heißluftballon traute, brauchte eine Servicekraft, die in der Luft Champagner und Lachsbrötchen servierte. Bloß nicht. Das ist in so einem Korb ja noch enger als in der Kabine. Und dauernd glückliche Paare zu sehen, ertrage ich sowieso nicht. Trotzdem musste ich da natürlich hin, wegen der zehn Prozent. Sonst würde es wirklich eng. Aber ich erkundigte mich vorher bei einer Freundin, die diesen ganzen Wahnsinn auch schon mal mitgemacht hatte, was man am besten aufführte, um nicht genommen zu werden.

Die Firma saß in Schönefeld in einer Wellblechhütte, ziemlich auf dem Acker. Der Besitzer, ein schmieriger Typ mit Schweins-äuglein und Nackenspeck, musterte mich lüstern. Zumindest kam es mir so vor. Gut vorbereitet hatte ich schon mal einen Senffleck auf der Bluse, fettige Haare und völlig abgerissene Klamotten an. Zusätzlich glotzte ich die ganze Zeit autistisch aus dem Fenster und bekam kaum die Zähne auseinander. Mir fiel ein Stein vom Herzen, als er mir genervt seinen Stempel auf meine Unterlagen drückte und mich abziehen ließ. Das war noch mal gut gegangen.

Mein nächstes Vorstellungsgespräch führte mich weit weg von Berlin nach Ostfriesland. Bin ich noch nie gewesen. Kenne nur die Witze: Warum stehen die Ostfriesen immer mit dem Hintern zum Computer? Um besser den Code eingeben zu können. Ha, Ha.

Ein Witz ist aber auch, was die von mir wollten. Der Job nannte sich Schafaufstellerin und die Beschreibung ist folgende: Nasse und schwangere Schafe, die auf Grund ihres Gewichtes umfallen, sind wieder aufzustellen, da sie selbst nicht hochkommen und andern-falls verhungern würden.

Das war mir auf alle Fälle zu nass und zu viel an der frischen Luft. Die Autismusnummer würde hier nicht ziehen. In diesem Fall hieß es aufstylen bis zum Anschlag, mit Minirock und silbernen Riemchen-Sandaletten, am besten noch einen Allergieausweis hervorzaubern und die volle Tierhasserin raushängen lassen.

Der Drops war schon nach drei Minuten gelutscht. Am längsten hatte die Busfahrt hin und her gedauert.

Sollte das jetzt ewig so weitergehen? Dann war ich bald nicht mehr weit von einer multiplen Persönlichkeitsstörung entfernt. Halt! Das war vielleicht die rettende Idee. Wenn schon einen an der Klatsche, dann richtig. Ich brauchte nur jemanden, der mir das attestierte, dann bekam ich eine Frührente und müsste mir endlich keine Sorgen um meinen monatlichen Gehaltsscheck machen. Ich könnte endlich meine Sommelière-Ausbildung anfangen. Den ganzen Tag im Weinkeller abhängen und über edle Tropfen philosophieren. Wäre gar nicht das Schlechteste.

So ein paar Ticks habe ich ja schon, die könnte man noch kultivieren. Bei höchster Anspannung fummele ich zum Beispiel an meinem Blusenkopf rum und mache ihn hektisch auf und zu. Das könnte man vielleicht noch ausbauen zu einem richtigen Strip in der Kabine, da weisen die mich doch garantiert ein.

Habe ich echte Quotenarschlöcher an Bord, zwirbele ich mir einen Hahnenkamm, den ich dann manchmal vergesse, wieder glatt zu kämmen. Nachts im Bett, wenn ich nicht einschlafen kann, schubbere ich mit den Zehen an den Knöpfen des Bettbezugs, was schon so einige meiner Lover in den Wahnsinn getrieben hat. Inzwischen bin ich jedoch dazu übergegangen, nur noch Bettwäsche mit Reißverschluss zu kaufen. Doch mit diesen kleinen Macken wird mich kaum ein Seelenklempner arbeitsunfähig schreiben. Da muss es schon mehr da oben knallen.

Ich recherchierte also mal im Internet und stieß als Erstes auf das sogenannte Tourette-Syndrom. Das haben die, denen man manchmal in der U-Bahn begegnet, die immer nur »Ficken, Ficken, Ficken« brüllen. Es käme bestimmt gut rüber, wenn ich in der Kabine beim Service einen Gehirnschluckauf bekäme und statt »Was möchten Sie trinken?« dauernd nur, na ja, »Ficken, Ficken, Ficken«

brülle. Da wartet doch bestimmt direkt bei der Landung der Betriebsarzt am Finger auf mich. Ob ich das bringe?

Dann wäre da noch das Asperger-Syndrom. Frühkindlicher Autismus. Totaler Verlust von Empathie, Interesse und Mitgefühl für die Mitmenschen. Da würde ich dann sagen: »Ist mir doch scheißegal, wie Sie Ihren Kaffee trinken« oder »Was, übel ist Ihnen, selber schuld … müssen Sie sich vor dem Flug nicht so den Magen vollschlagen«. Da müsste ich manchmal gar nicht groß simulieren. Ist ja sonst eher so, dass ich mir auf die Zunge beiße, um so manche Bemerkung zu unterdrücken. Leider lehrte mich Wikipedia jedoch, dass diese Macke offensichtlich angeboren ist. Geht also nicht.

Da hätten wir noch Burn-out und Depression. Ist ja gerade schwer in Mode, aber ich glaube, das bringe ich nicht. Immer nur an die Decke starren und tage- oder wochenlang die Klappe halten. Nicht mit anderen quatschen, nur um sich selbst kreisen. Ich glaube, da würden sie mich dann irgendwann wirklich in Bonnies Ranch in Reinickendorf einliefern müssen.

Nein, das ist alles nichts. Ich musste selber aus dem Knick kommen. Die vom Arbeitsamt schickten mich sonst noch irgendwohin an die polnische Grenze. Das wäre die Höchststrafe. Ne, ne, ne, meine Zukunft stellte ich mir anders vor.

Ich biss also in den sauren Apfel und meldete mich an der Europaschule für einen einwöchigen Bewerbungskurs an. Ich hatte doch keine Ahnung mehr, wie man heutzutage seine Haut zu Markte trug. Gut in Erinnerung ist mir noch die sogenannten dritte Seite der Bewerbungsunterlagen geblieben. Da sollte man sich kreativ darstellen. Malen nach Zahlen. Nein im Ernst. Ich habe das dann auch bei der nächsten Bewerbung bei einer deutschen Airline berücksichtigt und eine Düse mit einem Putzeimer in der einen Hand und einer Safetycard in der anderen gezeichnet. Und das haute tatsächlich hin. Denn schon ein paar Tage später hatte ich ein Vorstellungsgespräch in Berlin.

Natürlich ging mir voll der Arsch auf Grundeis. Wenn Jamie nicht 20 Mal täglich »Baby, keep cool« gesagt hätte, wäre ich wahrscheinlich zum Zitteraal mutiert. Das mittlere Knopfloch meiner sämtlichen Blusen war schon ganz ausgeleiert und ich hatte schon kleine Dreads im Haupthaar.

Dann kam endlich der große Tag. Natürlich hatte ich die Nacht zuvor nicht geschlafen.

Die Assessoren bestanden jedoch ebenfalls aus Halbleichen, zumindest zeigten sie keinerlei Regung, während ich wie in Trance meine Pflicht und meine Kür runterriss. Leider gab es nicht wie beim Eiskunstlauf Performance-Noten, sondern sie ließen dich erst mal tagelang auf Warteposition. Ich lief also Furchen in meinen Teppich und rannte jeden Tag dem Postboten hinterher, als wenn er Speck in den Taschen hätte.

Die Erlösung erreichte mich schließlich in einem neutralen weißen Umschlag. Gott sei Dank, nicht DIN A4, darin wären nämlich die zurückgeschickten Bewerbungsunterlagen.

Vorsichtshalber stellte ich mir schon mal einen Whisky bereit. Passt immer. Entweder zum Betäuben oder zum Feiern. Ich überlegte noch, Jamie anzurufen – nein, da musste ich jetzt alleine durch.

Mit einer Kuchengabel riss ich den Umschlag auf und als Erstes stach mir der Satz ins Auge: »Passen Sie zu uns, oder wir zu Ihnen? Diese Frage können wir eindeutig mit Ja beantworten. Herzlich willkommen in unserem Team.«

»Jaaaaaaa«, schrie ich die ganze Bude zusammen und kippte den Whisky in einem Zug runter. Die Höllenzeit war vorüber.

Ich weiß nicht, ob es inzwischen eine Beschäftigungsquote für Altdüsen gibt oder ob man den jungen Klappspaten diesen höchst anspruchsvollen Job nicht zutraut. Ist auch egal. Ich fliege wieder und muss nicht am Boden schimmeln.

Halleluja!

22

ERSTE HILFE

Zum jährlichen Recurrent gehört auch ein Erste-Hilfe-Kurs. Kann man ja auch im praktischen Leben brauchen. Zum Beispiel, wenn ein Kerl wieder mehr Viagra eingeschmissen hat, als ihm guttut. Da kann es nicht schaden, wenn Frau weiß, wie so eine Herzdruckmassage oder auch ein Defibrillator funktioniert.

Im Grunde sind solche Kurse das Langweiligste, was man sich vorstellen kann. Noch langweiliger als Angeln. Übrigens, wissen Sie, was noch langweiliger ist als Angeln? Zusehen beim Angeln.

Selbst Golla- oder Moskauflüge würde ich so einem Tag in der nach Schweiß und Bohnerwachs riechenden Übungshalle des Roten Kreuzes vorziehen. Und das will schon was heißen.

Das Einzige, was einen in diesem Ambiente noch wach hielt, waren die praktischen Übungen an Lissi. Was die Arme alles über sich ergehen lassen muss, kann sich keiner vorstellen. Fauler Mundgeruch, schweißige Hände, Käsefüße. Schon klar, dass sich dafür keiner von uns zur Verfügung stellt.

Lissi ist aus Vollgummi, und ihr Mund ist so geformt, als wolle sie gleich jemandem einen blasen. Sie wiegt bei einer Größe von 1,65 Meter 60 Kilo, und sie in eine stabile Seitenlage zu wuchten oder mit dem Rettungsgriff aus einem Stuhl zu hieven kann schon die eigenen Bandscheiben leicht verschieben. Ich frag mich, wie ich das bei einem Ohnmächtigen mit 80 Kilo schaffen soll, der auch noch auf dem Mittelsitz hängt.

Bei solchen Schwergewichten kann auch die Herzdruckmassage zum Problem werden, denn um einen wirksamen Druck auf das Herz auszuüben, muss man mindestens 10 Zentimeter runterpressen.

Wie in einem Rollenspiel übten wir nun die Koordination der Crew bei lebensbedrohlichen Situationen wie Schlaganfall, Kreislaufkollaps, Angina pectoris oder Herzinfarkt.

Stellt ein Flugbegleiter fest, dass sämtliche Vitalfunktionen bei einem Passagier nicht mehr vorhanden sind, ruft er laut »Defi Defi«. Der Kollege muss dann sofort aus dem vorderen Headrack Bin das

Emergency Equipment bringen (Defibrillator, eine Sauerstoffflasche und First Aid Kit). Gleichzeitig wird das Cockpit informiert und die berühmte Ansage gemacht, ob sich ein Arzt, eine Krankenschwester oder ein Sanitäter an Bord befände.

Ist das nicht der Fall, muss man selber ran an den Speck. Als ich nun jedoch Lissi wiederbeleben sollte und wie angewiesen 30 Mal mit beiden Händen übereinander auf ihre Vollgummibrust eindrückte, während ein Kollege jedes Mal zwei Atemzüge Luft hineinblies, rutschte ich voll ab. Es knackte beunruhigend in meinem Handgelenk und ich musste auf der Stelle aufhören. Arme Lissi, im Ernstfall hätte sie jetzt dran glauben müssen.

Mit einem Eispack ums Gelenk verbrachte ich die nächste halbe Stunde auf der Reservebank und durfte zusehen. Machte mir ehrlich gesagt nichts aus, zumal ich dort nicht lange alleine saß. Mein Kollege Uwe, auch Spriti genannt, war an der Beatmungsübung gescheitert. Er hatte mit vollem Einsatz Luft in Lissis Mund geblasen, war jedoch nach dem vierten Mal voll zur Seite gekippt und lag dann mit verdrehten Augen da wie ein angeschossener Hirsch. Bestimmt hatte er am Abend zuvor wieder seine Synapsen mit Alkohol massiert und jetzt nicht genug Puste.

Habe schon gewusst, warum ich mich gestern Abend voll aufs Trockendock gesetzt habe. Der Trainer hatte jedenfalls gleich mal die Möglichkeit am lebendigen Beispiel zu demonstrieren, wie man so einen schweren Kerl in die richtige Position bringt, damit er nicht an seiner eigenen Zunge erstickt.

Uwe kam jedenfalls relativ schnell wieder zu sich und hockte sich, weiß wie eine Kalkwand, neben mich. Nicht nur, dass er brutal zitterte, er hatte auch noch eine Standarte von hier bis nach New York.

Mensch Spriti, dachte ich, du musst echt aufpassen. Da sind ja viele von uns ganz schön gefährdet. Dauernd in der engen Röhre mit den Passagieren auf engster Tuchfühlung, bekamen wir natürlich alle ihre Befindlichkeiten mit ab. Und irgendwann wird der

Schutzpanzer immer dünner. Dann geht es an die eigene Substanz, auch wenn man das in dem Moment gar nicht so merkt. Aber nach einem Zwölfstundentag fühlt man sich oft wie ein ausgewrungener Putzlappen. Und dann brauchst du einfach was, das dich wieder aufbaut. Sport wäre natürlich super, um die Stresshormone abzubauen, aber die meisten rauchen oder saufen eben.

Ist ja in vielen Berufen so, die so direkt mit Menschen zu tun haben. Sogar meine Friseurin Susi hat mir letzthin erzählt, dass nicht das Haareschneiden sie ausknockt, sondern die vielen Horrorgeschichten, die sie sich reinziehen muss. Frau Meier erzählt vom Bauchspeicheldrüsenkrebs der Oma, Frau Müller von den miesen Schulleistungen ihrer Kinder und Frau Huber vom frühzeitigen Samenerguss ihres Mannes.

Tja, auch kein Spaß. Deshalb Augen auf bei der Berufswahl, sage ich immer.

Die Kollegen waren noch immer mit Lissi zugange, die inzwischen mehr etwas von einer Mumie als von einer Gummipuppe hatte. Eigentlich wäre nur eine Platzwunde am Kopf zu verbinden gewesen. So wie es allerdings jetzt aussah, wäre die lebende Lissi mit Mullbinden über Mund und Nase qualvoll erstickt. Wollen wir mal für uns alle hoffen, dass der Ernstfall möglichst selten auftritt.

*

Doch schon ein paar Wochen später erwischte es mich voll auf einem Flug nach London Heathrow. Ein Tag, den ich nie vergessen werde.

Wir hatten gerade die Hälfte der Flugzeit hinter uns gebracht und den Five o'Clock Tea eingeleitet, als auf 9D via Passagierrufknopf ein Daueralarm ausgelöst wurde. Das klang nach Ärger. Ich zwängte mich an meiner Karre vorbei und sauste nach vorne. Auf dem Fensterplatz hing völlig zusammengefaltet ein älterer Herr, dem der Hut auf die Schulter gerutscht war. Er wirkt ziemlich leblos, sprich ohne erkennbare Vitalfunktionen. Ich bat den leicht apathisch wirkenden Nachbarn auf 9D, mir zu helfen, den Mann in den Gang zu legen. Keine Reaktion. Der junge, pickelige Typ mit Goldrandbrille starrte mich nur erschrocken an. War der taub? Eine Businessfrau im dunkelblauen Kostüm zeigte sich da schon beweglicher und zerrte gemeinsam mit mir den Alten über die Schenkel des Pickeligen hinweg auf den Gang. Der rührte sich immer noch nicht, als ob ihn das Ganze überhaupt nichts anginge.

Als wir den leblosen Körper auf dem Boden hatten und ich weder Puls noch Herzschlag feststellen konnte, hieß es nun anwenden, was wir auf dem Medifan-Kurs gelernt hatten. Ich brüllte zweimal »Defi«, was sich auch sofort bemerkbar machte.

Während ich dem alten Mann das Hemd aufriss, hörte ich bereits die Ansage meiner Kollegin, ob ein Mediziner an Bord sei. Sekunden später war eine zweite Kollegin mit dem Emergency Equipment zur Stelle und teilte mir mit, dass das Cockpit informiert sei.

Ich fing schon mal mit der Herzdruckmassage an, während die Kollegin die Maske für die Beatmung vorbereitete und den Defibrillator auspackte.

Mir stand bereits der Schweiß auf der Stirn, und ich pumpte, als ginge es um mein eigenes Leben. »Komm, komm, komm«, zischte ich zwischen zusammengebissenen Zähnen hervor, als würde ich den Mann dadurch bewegen können, aufzuwachen. Ich nahm alles, was um mich herum geschah, nur dumpf wie durch eine Wattewand wahr. Erst die bestimmende männliche Stimme des Defibrillators, die stakkatoartig durch das Programm führt, ließ mich innehalten:

»Elektroden anbringen!

Herzfrequenz wird gemessen!

Weg vom Patienten!

Defibrillator aktivieren!«

Nach dem ersten Stromschlag geschah gar nichts. Wir hielten alle den Atem an.

Lieber Gott, lass ihn durchkommen, betete ich.

»Zweiter Versuch!

Elektroden anbringen!

Herzfrequenz wird gemessen!

Weg vom Patienten!

Defibrillator aktivieren!«

Wieder nichts. Und kein Arzt weit und breit. Wir probierten es noch zweimal, dann entschied ich, wieder auf Handbetrieb umzuschalten. Die kräftigere meiner beiden Kolleginnen übernahm und ich kümmerte mich um die organisatorischen Dinge. Ich merkte, dass wir bereits im Landeanflug waren, vergewisserte mich aber im Cockpit, wo wir runtergingen und wie viel Zeit noch zur Verfügung stand, um die Kabine klar zu machen. Außerdem informierte ich den Kapitän, dass wir bisher erfolglos reanimiert hatten und sofort einen Arzt an Bord bräuchten.

Dann machte ich, so cool es eben ging, die Landeansage für London und hatte alle Hände voll zu tun, die Passagiere auf ihre Plätze zu bugsieren. Viele waren nur schwer dazu zu bewegen, sich anzuschnallen, knieten und standen sogar auf den Sitzen, um mitzubekommen, wie da einer starb. Ohne Worte.

Einer schrie sogar, er hätte seinen Tee nicht bekommen, und andere meckerten, nun nicht pünktlich in London zu sein.

Ich funktionierte nur noch und verbot mir jede Art von Gefühlsäußerung.

Inzwischen pumpte ein Passagier, auch wenn es letztendlich sinnlos schien. Der Mann war offensichtlich gestorben. Doch solange kein Arzt den Tod feststellt hatte, waren wir dazu verpflichtet, weiterzumachen. Da das jedoch während der Landung unmöglich war und die Sicherheit der Helfer gefährdet hätte, trugen wir den leblosen Körper nach hinten und setzten ihn in die letzte Reihe. Es kostete mich einige Überwindung, den Toten anzuschnallen. Allerdings schaffte ich es nicht, ihm die Augen zu schließen, und stülpte ihm stattdessen eine Borddecke über den Kopf. Vielleicht machte er sie ja dann von alleine zu.

Unmittelbar nach der Landung in London kam der Notarzt mit zwei Sanitätern und einer Trage an Bord. Wie schon erwartet, konnte er nur noch den Tod des alten Mannes feststellen.

Ich war froh, als er ihm die Augen schloss. Jetzt sah er wenigstens so aus, als ob er schliefe. Schon merkwürdig, wie fremd uns der Tod ist und wie gruselig wir ihn sogar empfinden, obwohl er doch genauso zum Leben gehört wie die Geburt.

Als mich der Arzt fragte, wie der Mann hieß, um den Totenschein auszustellen, ging ich noch einmal zu seinem Platz, um zu schauen, ob ich dort eine Tasche mit seinen Papieren fand. Dort war inzwischen der pickelige Sitznachbar zum Leben erwacht und hielt mich am Arm fest.

Was wollte der denn jetzt, er hatte doch schon genug gebremst? Seine Finger krallten sich um den Hut des Toten, und ich sah erst jetzt, dass er weinte.

»Kannten Sie den Mann? Wissen Sie vielleicht, wie er heißt?«, fragte ich schon etwas milder gestimmt.

Er zerknüllte nun den Hut fast und stammelte dann: »Karl Heinz Hausmann, geboren 1935 in Köln. Mein Vater. Er wollte noch einmal in den Hyde Park, dort hat er vor 50 Jahren meine Mutter kennengelernt.«

Jetzt war ich selbst den Tränen nahe, und mir wurde so langsam klar, warum er vorhin so in Schockstarre hing. Und irgendwie war mir jetzt mein Verhalten von vorhin ganz schön unangenehm. Aber was hätte ich denn machen sollen? Schließlich stand ja nicht in Leuchtlettern auf seiner Stirn geschrieben, dass er der Sohn war.

Ich bat ihn, so sanft ich nur konnte, doch bitte mit nach hinten zu kommen, um beim Ausfüllen des Totenscheins behilflich zu sein.

Und während er dann einigermaßen gefasst mit dem Arzt sprach, dachte ich mir, wie falsch es doch oft war, vorschnell über jemanden zu urteilen. Denn es macht immer einen großen Unterschied, aus welcher Sicht man auf die Dinge blickt.

23
ZICKENKRIEG

Es ging nach Nizza. Perle des Mittelmeers. Nur würde ich wie immer nichts davon haben. Bodenzeit eine Stunde zehn Minuten. Wer dagegen überflüssigerweise in den Genuss kommen würde, über den Blumenmarkt zu schlendern, waren die besseren Hälften von Rüdiger und Roland. Die vom Piloten war selbst mal Düse, die vom Copiloten ist ein Möchtegern-Model mit kristallblonder Bobfrisur. Ich glaube, als Schlagersängerin hat sie sich auch mal versucht, doch mit ihrer Piepsstimme hatte sie nicht mal beim Karaoke einen Blumentopf gewonnen.

Die beiden Schnepfen, ausgestattet mit Pradatäschchen, Tott-Schuhen und Hermès-Tüchern, thronten stolz in der ersten Reihe.

Das konnte nur bitter werden. Die nutzten doch bestimmt jede Minute, um mir die volle Breitseite zu geben. Die Exdüse, weil sie genau weiß, dass ihr Vogel permanent fremd einschiebt, und das Model, weil sie raushängen lassen muss, dass sie was Besseres ist. Da heißt es den Arsch zusammenkneifen, Dauergrinsen aufsetzen und das Messer zugeklappt lassen.

Der Bob schob mich gleich mal zur Seite und wollte das Cockpit entern. Klar, dass die kein Englisch kann. *Staff only* steht da nämlich in dicken Lettern. Die habe ich gleich mal ordentlich ausgebremst, damit sie merkte, wer hier der Chef im Ring war.

»Ich will aber zu meinem Mann«, piepste sie mädchenhaft.

»Zivilpersonen muss ich erst anmelden«, erwiderte ich mit besonders tiefer Stimme und hoffte mal, dass der Alte mir jetzt nicht in den Rücken fiel, doch da ging auch schon die Tür auf.

Roland, der das Ganze über den Cockpit-Monitor mitgekriegt hatte, schnauzte mich natürlich an, was diese Kindereien sollen, und zog seine Frau beschützend an sich.

»Das entspricht nicht dem Sicherheitsstandard«, verteidigte ich mich, musste aber hinnehmen, dass mir der Bob heimlich den Stinkefinger zeigte. Das war eine offizielle Kampfansage. Na warte, dachte ich, dich mach ich platt.

Die Exdüse nervte mich damit, dass sie nach einem Kissen und einer Decke verlangte, obwohl sie natürlich genau wusste, dass wir auf kurzen Flügen so ein Set nur für medizinische Notfälle rausgeben.

»Geht es Ihnen nicht gut?«, fragte ich scheinheilig. »Darfs vielleicht auch noch 'ne Schlafbrille sein?«

»Wie professionell ist das denn?«, gab sie kalt zurück. »Schon mal was von Servicestandards gehört?«

Da klingelte es auch schon aus dem Cockpit. Roland wollte für sich und seine alte Schraube Kaffee. Einmal süß und blond und einmal mit Sojamilch.

»Sojamilch haben wir nicht«, schmetterte ich zurück. »Ich kann ja noch mal schnell zu REWE sprinten. Vielleicht wollen Sie ja inzwischen das Boarding übernehmen«, wandte ich mich an die Exdüse, die mich nur mitleidig von oben bis unten abscannte.

»So einem anspruchsvollen Job, wie Sie ihn leisten, bin ich leider nicht mehr gewachsen. Tut mir leid.«

»Das verstehe ich, in Ihrem Alter wird es ja täglich schwieriger, sich auf den Beinen zu halten.«

»Ist bei Ihnen ja auch nicht mehr so lange hin, muss ja auch bitter sein, so übrig zu bleiben und aus den Kompressionsstrümpfen gar nicht mehr rauszukommen.«

Ich hatte keine Lust auf weiteren Schlagabtausch und kochte für die Cockpitgesellschaft Kaffee. Mit servilem Gesichtsausdruck servierte ich und forderte dann Madame auf, ihren Sitzplatz wieder einzunehmen, worauf Roland sofort mit »du kannst auch hierbleiben, Schatz« konterte.

»Nein, lass mal. Wir wollen hier keinen Unfrieden schaffen. Der Bob lächelte mich gönnerhaft an und schob ihren Kaffee an mir vorbei, natürlich nicht ohne ihn mit Absicht überschwappen zu lassen.

Und ich hatte diesmal keine Wechselbluse dabei. Alte Bretze, dachte ich, das gebe ich dir zurück.

Auf dem Klo rieb ich mir erst mal den Wolf, schaffte aber nur, aus dem braunen einen gelben Fleck zu machen.

Mitten während der Sicherheitsansage schälte sich die ehemalige Saftschubse noch mal aus ihrem Sitz und rannte aufs Klo. Natürlich wusste sie ganz genau, dass ich jetzt unterbrechen musste, weil laut LBA (Luftfahrtbundesamt) *alle* Passagiere eingewiesen werden mussten. Sie brauchte ewig. Gefühlte zehn Minuten.

Wir waren fast an der Startposition angekommen und die Nummer drei in der Warteschlange. Mir blieb nichts anderes übrig, als die Alte da jetzt rauszuholen. Ich schob den für Notfälle vorgesehenen Riegel zur Seite und riss die Tür auf. Madame stand in aller Seelenruhe vor dem Spiegel und tuschte sich die Wimpern.

»Hinsetzen!«, sagte ich scharf. »Wir starten gleich!«

Ohne den Blick vom Spiegel zu nehmen, schminkte sie sich jedoch demonstrativ weiter. »Entspannen Sie sich. Das ist doch völlig kontraproduktiv, wie Sie hier performen. Schon mal was von GfK gehört? Gewaltfreie Kommunikation. Schont übrigens auch die Stimmbänder.«

Da brüllte ein Bayer aus der Business: »Mei Madl, jetz hock di endlich auf deine vier Buchstaben, sonst komma mir hier nia weg.«

Wenn der wüsste, dass er der Alten gerade das Leben gerettet hatte.

Ich stand kurz vor einem hysterischen Lachanfall, was sich auch in meiner nun endlich stattfindenden Safety-Ansage niederschlug.

Kaum in der Luft ging der Terror weiter. Die Pilotengattin hatte ihre Strategie geändert und entschuldigte sich plötzlich bei mir. Nachtigall, ick hör dir trapsen. Was führte sie denn jetzt im Schilde?

Und dann kams auch schon. Sie erkundigte sich gewollt nebenbei, wie denn so die Stimmung in der Crew sei und ob es sich gut mit Rüdiger arbeiten lasse.

»Ich kann gut unter Rüdiger arbeiten«, gab ich ebenso freundlich zurück.

»Er ist ja in letzter Zeit ziemlich oft auf Overnights. Ist Ihnen da vielleicht etwas aufgefallen?«, bohrte sie weiter.

Aha, daher wehte der Wind.

»Wieso, haben Sie 'n Scheidenpilz?«, platzte es aus mir heraus.

Der Bob sah pikiert zu uns rüber.

Auweia, jetzt war ich zu weit gegangen, aber die Altdüse zuckte nicht mal. »Wer ist es, Schätzchen, los raus mit der Sprache? Sie wissen doch, dass ich mit Ihrer Teamleiterin jahrelang geflogen bin und wir immer noch sehr gut befreundet sind. Und ein Dienstplan voll mit Frühflügen in den Nahen Osten würde ich Ihnen gerne ersparen«, flötete sie.

Ich mir auch. Jetzt war ich ganz schön in der Bredouille. Ich bin eigentlich keine Petzliese, aber eben auch keine Frühaufsteherin. Man muss Prioritäten setzen. »Ich würde ihn mal auf Leoni Stadler ansprechen«, steckte ich ihr. Die ist Copilotanwärterin und fliegt derzeit mit uns im Heck.

Zufrieden tätschelte sie mein Knie. »Danke, Schätzchen, soll dein Schaden nicht sein.«

Irgendwie hatte ich schon ein schlechtes Gewissen, aber die ganze Heuchelei ging mir schon lange auf den Keks. Suchen alle 'ne Mutti, die ihnen zu Hause die Socken wäscht, und brauchen immer noch was nebenbei zur Bestätigung. Da fragt man sich doch, auf welcher Seite man da stehen will.

In solchen Momenten lernte ich meine offene Beziehung mit ungewissem Ende wieder so richtig zu schätzen. Jamie muss mir nichts vormachen und ich ihm auch nicht. Doch wenn es dabei bliebe, könnte man natürlich trotzdem auch irgendwann die weißen Tauben fliegen lassen. Aber das hatte Zeit, zumindest war das Jamies Meinung. Bei dem tickte ja auch keine biologische Uhr.

Der Bob hatte zwar riesige Rhabarberohren, aber trotz meines sonst rechten lauten Organs konnte sie von unserem Gespräch nichts mitbekommen. Und wenn, auch egal, denn merkte sie wenigstens gleich, woran sie bei ihrem Cockpitprinzen war.

Als ich später meinen Trolley volllud, zitierte sie mich jedoch selbstbewusst zu sich und drückte mir mit bestimmender Geste eine Tupperdose mit vorgekochtem Reis und Gemüse in die Hand. »Machen Sie mir das bitte warm. Ich bin Allergikerin und vertrage das Airline-Essen nicht.«

»Sorry, leider haben wir keinen Ofen, ich kann Ihnen das nur warm hauchen.«

»Das würden Sie wirklich tun?« Sie sah mich mit großen Kulleraugen an.

»Ich hab ja sonst nichts zu tun«, gab ich trocken zurück. »Das war ein Witz.«

»Ach so«, grinste sie verlegen. »Aber ich habe doch beim Einsteigen so einen kleinen Einbauofen gesehen.«

Ich schüttelte den Kopf. »Der ist kaputt.« Soll sie doch ihr Nasi Goreng kalt fressen, ich hab schließlich noch 149 Leute abzufüttern.

Blöderweise wollte kurz darauf Roland seine mitgebrachte Iglo Fischpfanne Helgoländer Art warm gemacht bekommen. Und leider war das bis in Reihe fünf zu riechen.

Als mich der Bob entrüstet darauf ansprach, blieb mir nichts anderes übrig, als klein beizugeben. Wenn das alle machen würden, könnte ich hier ja gleich 'ne Garküche aufmachen.

Die andere Trulla bestellte drei Piccolöchen zum Essen, einen offenen und zwei zu. Schon komisch, aber ich dachte mir erst mal nichts weiter dabei.

Erst viel später zum Feierabend nach der Landung wieder in Berlin verstand ich, was die alte Hexe damit geplant hatte.

Wir bekamen nämlich ausgerechnet heute Besuch von den Jungs vom Werkschutz. Sie sind dafür zuständig, stichpunktartig zu kontrollieren, dass Firmeneigentum nicht von Bord geschleppt wurde.

Zwei Typen schnüffelten sich also wie die Beagle-Brigade durch unser Crewgepäck. Immer wieder kam es nämlich vor, dass Kollegen auf Grund der monatlichen Beleidigung (so nennen wir unser Gehalt) Klopapier, Säfte, Alkfläschchen, Kaffeepads und sonstiges

Brauchbares, was nicht niet- und nagelfest ist, mitgehen ließen. Und heute erwischte es tatsächlich eine von uns.

In Leoni Stadlers Crewtasche wurden zwei Piccolos entdeckt. So sehr sie sich auch verteidigte und unter Tränen ihre Unschuld beteuerte, die Typen vom Werkschutz blieben hart und meldeten den Diebstahl direkt an die Kabinenleitung. In mir tobte ein Kampf zwischen der loyalen und egoistischen Renate, den die egoistische gewann. Ja, so bin ich eben. Gute Mädchen kommen in den Himmel, böse überallhin.

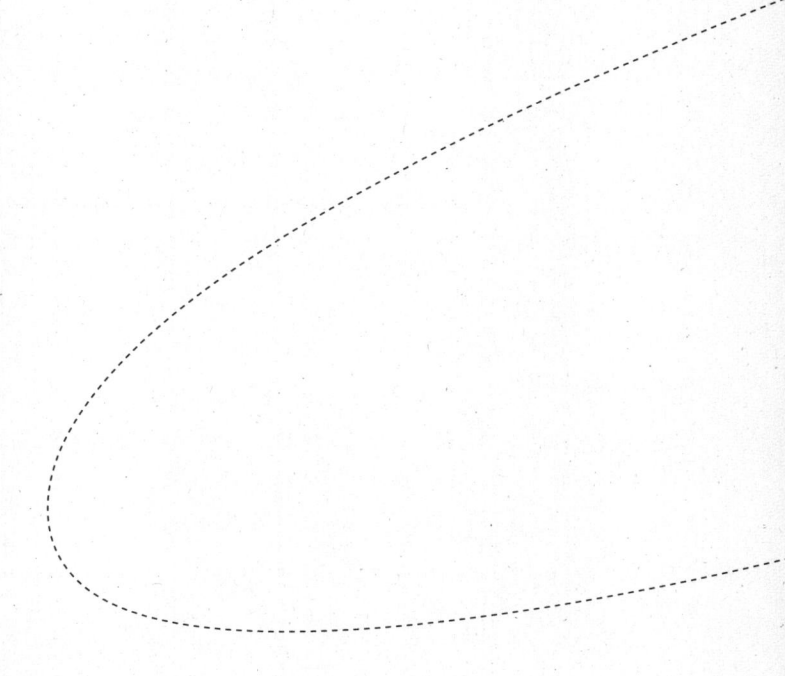

24

AKROPOLIS ADIEU

Kohle adieu. Bisher stand Griechenland für mich immer für Zahnersatz, doch seit Rainer im Knast saß, hatte ich nie wieder einen Request gestellt, dorthin zu fliegen. Vor Kurzem bekam ich jedoch eine E-Mail von Costa, der wie viele während der Krise seinen Job am Airport verloren hatte und jetzt als Aushilfsfremdenführer auf der Akropolis arbeitete. Er bat mich, ihn dort zu treffen, er müsse unbedingt mit mir reden.

Schon eine Woche später konnte ich mit einer Kollegin tauschen und flog einen Overnight Athen.

Der Tag fing schon gut an. Nicht nur, dass ich mit der Meckerliese Inge fliegen musste, deren Stampfer passenderweise an griechische Säulen erinnern, wir vergaßen in Frankfurt am Rhein-Main auch noch 15 Passagiere. Blöde Sache.

Der Dispatcher gab mir vorzeitig die Papiere, und ich dachte, damit wäre das Boarding abgeschlossen. Wir rollerten also zur Startbahn, was in Frankfurt einer Sightseeingtour nahe kommt. Inzwischen waren die fehlenden Passagiere mit dem Bus zu unserer Außenposition gekarrt worden und mussten ganz schön blöd in die Röhre geglotzt haben, als da nur noch ein Kerosinfleck zu sehen war.

Ich wurde natürlich sofort angeklingelt und bekam gleich mal vom Kapitän einen ordentlichen Einlauf verpasst.

Umdrehen war leider nicht mehr möglich, sonst wäre unser Slot (vorgegebene Startzeit) futsch gewesen. Dann hätten wir uns wie beim Taxistand wieder hinten anstellen müssen und Bodenzeit ist teuer. Pushback Wagen, Klötze an die Maschine, Fluggastbrücke ranfahren und die schon Sitzenden würden bestimmt den Zwergenaufstand proben. Da ist es tatsächlich billiger für die Airline, die Leutchen am nächsten Morgen loszuschicken. Statt in einer gemütlichen Taverne am Hafen von Piräus müssen sie ihr Zaziki halt jetzt beim Griechen um die Ecke essen.

Konnte ich mich jetzt auch nicht weiter mit beschäftigen, mir stand es bis hier und ich musste erst mal Dampf ablassen. Da kam mir Inge gerade recht. Wo steckte die denn schon wieder?

Wahrscheinlich mampfte sie wieder ihre BiFi Roll mit Analog-käse in der Galley. Na warte, die konnte jetzt erst mal eine kleine Joggingrunde extra absolvieren.

Ich drückte den Klingelknopf von 1C und hielt eine Rotwein-flasche mit weißer Serviette hoch, was bei uns Weißwein heißt. Mir war natürlich von vornherein klar, dass sie das bestimmt nicht checkte, und genau so war es. Sie kam mit einem Merlot angewalzt und beschwerte sich, dass die Gänge auch immer enger wurden.

»Und dein Rock immer kürzer«, blaffte ich sie an. »Vielleicht trägst du lieber Hosen und am besten mit Gummizug«, setzte ich noch eins drauf und schickte sie wieder nach hinten, um die richtige Pulle zu holen. Erst dann fiel mir auf, dass ich ja wieder sämtliche Deeskaltionsregeln, die man uns so liebevoll eingetrichtert hatte, voll befolgte: eine sachliche Atmosphäre schaffen für konstruktive Kritik, und das niemals vor den Gästen.

Na, das hatte ja wieder super geklappt. Aber ich bin ja auch nur ein Mensch.

Als sie mir leicht angesäuert den Riesling auf den Trolley knallte, versuchte ich, einen auf verbindlich zu machen, und entschuldigte mich. Das mit den 15 Lost Passengers ging mir echt an die Ehre, auch wenn ich mir bewusst war, dass hellseherische Fähigkeiten noch nicht zu unserem Berufsbild gehören.

Erst bei der Landung wurde ich langsam wieder ich selbst. Die griechische Sonne hob direkt meinen Vitamin-D-Spiegel, und als ich im Taxi Richtung Akropolis fuhr, gefiel mir sogar die Sirtaki-musik aus dem Autoradio.

Zwischen Hunderten von stinkenden Touribusse ausgespuckt wünschte ich mir, ich hätte eine von unseren Sauerstoffmasken mitgenommen. Kultur hin, Kultur her, freiwillig hätte ich das Trümmerfeld, wo sich Tausende von Touristen jeden Tag fast tot trampeln, niemals betreten.

Costa stand wie verabredet am Agamemnon-Tempel, den ich auch ohne Kenntnis des griechischen Götterpantheons mit Hilfe des

Touriführers relativ schnell gefunden hatte. Eins war jedoch klar: Lange hielt ich es hier nicht aus. Ich kann Menschenmassen nicht ertragen wenn sie frei herumlaufen und nicht angegurtet sind.

Costa benahm sich geheimnisvoll, fast so wie in einem Agentenfilm, und rückte nur Stück für Stück mit der Sprache raus. Diesmal sollte ich keine Kronen aus Gold, sondern antike Münzen nach Deutschland schmuggeln, wo reiche Sammler bereit sind, hohe Summen abzudrücken.

Der hatte sie wohl nicht alle. Da konnte ich ja gleich bei Rainer mit in der Doppelzelle einchecken. Ne, ne, das war mir zu heiß. Da sollte er sich mal eine andere Dumme für suchen. Als er mir jedoch die Summe nannte, die für mich dabei rausspringen würde, nahm meine Risikobereitschaft plötzlich schlagartig zu. Nur kurz blitzten noch Bilder von zuschnappenden Handschellen, Essen im Blechnapf und dominanten Gefängniswärterinnen vor meinem inneren Auge auf. Doch darüber legten sich schnell andere und ich sah mich schon mit echtem Gucci-Täschchen statt Blender, Chopard-Ohrringen und La-Perla-Dessous durchs Leben gehen. Außerdem könnte ich Jamie endlich diese handgenähten Budapester Schuhe kaufen, von denen er mir seit Wochen vorschwärmte.

Ich schlug also ein, und wir hatten einen Deal, den wir kräftig mit Ouzo in einer finsteren Spelunke in der Altstadt begossen. Oh Gott, auf was hatte ich mich da wieder eingelassen? So was konnte doch nicht gut gehen. Doch nach einer halben Flasche von dem klebrigen Zeug fühlte ich mich wie die Heldin eines Thrillers und sämtliche Ängste und Skrupel hatten sich in Luft aufgelöst.

Am nächsten Morgen, bevor ich auscheckte, klopfte es an meine Zimmertür. Als ich öffnete, stand da eine olle Sporttasche, die ich kaum hochheben konnte. Oh Mann, waren da Ziegelsteine drin? Ich schaute am besten gar nicht rein, sonst machte ich vielleicht jetzt noch einen Rückzieher und ließ die Tasche im Zimmer stehen.

Zu allem Überfluss war auch noch der Aufzug kaputt und ich musste die dicke Inge, die gerade aus dem Zimmer neben mir kam, bitten, mir beim Schleppen zu helfen. Natürlich wollte die neugierige Pute wissen, was ich alles eingekauft hatte, und mir fiel nichts Besseres ein, als ihr von einer Freundin zu erzählen, die auf diese Götterstatuen mit kleinem Penis steht. Mir total unverständlich.

Gott sei Dank schien auch Inge kein Interesse daran zu haben und stemmte brav meinen Koffer, in den ich die Tasche gepackt hatte, über drei Stockwerke nach unten.

Wie von Costa versprochen, stand am Flughafen beim Crew Exit ein Typ, der mich und mein Gepäck freundlich lächelnd durchwinkte.

Die erste Hürde war genommen. Trotzdem ließ ich meinen Koffer nicht eine Sekunde aus den Augen, brachte ihn höchstpersönlich zum Crew Cargo Hold und wartete, bis der Loader ihn auch tatsächlich hochhob. Er kippte völlig überrascht fast hinten über, da so ein Düsenkoffer mit Schlüpper und Wechselbluse ja normalerweise höchstens ein paar Kilo wiegt. Ich blieb sogar so lange wie angewurzelt da stehen, bis er die Schotten dicht gemacht hatte.

Um diesmal auf Nummer sicher zu gehen, dass nicht wieder ein paar Passagiere stehen blieben, ging ich mit dem Handzähler durch die Reihen. Der Anschiss von gestern steckte mir noch immer in den Knochen. Da hielt mich doch tatsächlich einer am Rock fest und wollte unbedingt wissen, wie das Wetter im Ländle sei.

»Was für 'n Ländle?«, fragte ich und schüttelte ihn wie eine lästige Fliege ab.

»Na 's Ländle, 's Schwabenländle.«

»Bin ick die Wetterfee? Ick weeß ja nich, wo Se hinwollen, aber ick fliech nach Berlin«, gab ich ihm im reinsten Berlinerisch zur Antwort.

Er sah mich erschrocken an und schoss aus seinem Sitz wie 'ne V8. »Scheiße, dann bin ich hier falsch, ich will nach Stuttgart.«

Seine Sitznachbarn sprangen nun ebenfalls auf wie Duracell-Hasen. »Wir wollen auch nach Stuttgart«, riefen sie im Chor.

Meine Selbstsicherheit fuhr augenblicklich in den Keller. Was war denn jetzt schon wieder schiefgelaufen? Man konnte nicht fünf Minuten denken, alles ist in Ordnung.

Ich beruhigte die Passagier erst mal korrekt deeskalierend und lief nach vorne, um eine Ansage zu machen: »Meine Damen und Herren, zu Ihrer Information, diese Maschine fliegt nach Berlin, wer nicht dorthin möchte, hebt jetzt bitte die Hand.«

Alle Hände schnellten nach oben, als ob es Freibier gäbe.

War ich vielleicht schon wieder auf dem falschen Dampfer? Aber dann wäre ja die ganze Crew hier nicht richtig. Wir saßen doch im A319, der nach Berlin sollte. Und nebenan stand der A320 nach Stuttgart. Hatten die verpeilten Griechen vielleicht falsch geboardet?

Wie sich herausstellte, war es genau so. Kein Wunder, dass sie hier die Krise schoben. Jetzt saßen doch tatsächlich die Stuttgarter in der Berlin-Maschine und Berliner in der nach Stuttgart. Super!

Um das Ganze nicht noch dramatischer zu machen und alle hektisch übers Rollfeld von einer Mühle zur anderen rennen zu lassen, wechselten wir einfach nur die Besatzung.

Also rein in die Klamotten, raus aus den Klamotten. Und das alles voll under pressure. Denn time is money.

Erst als ich auf meinem Jumpsitz wieder nervlich einigermaßen eingependelt war und meine pochende Halsschlagader sich wieder beruhigt hatte, schoss es mir ein, wie ein Hexenschuss. Die Griechentaler flogen jetzt bestimmt ins Ländle. In dem Chaos hatte doch bestimmt keiner das Crewgepäck ausgetauscht. Wenn die das jetzt in Stuttgart ausluden und wie gewohnt neben die Treppe stellten, nahm es bestimmt einer von der Besatzung mit und sorgte dafür, dass es auf die nächste Maschine nach Berlin umgeleitet wurde. Hoffentlich. Aber was, wenn nicht? Und was, wenn da einer reinschaute? Dann konnte ich nur noch sehen, dass ich irgendwie Land gewann und auf eine Maschine nach Südamerika aufsprang.

Noch nie in meinem Leben habe ich mit so zitternden Beinen meinen Service abgerissen. Ich Hornvieh, wie konnte ich nur so gierig sein? Vielleicht hatte ich mir gerade meine ganze Zukunft versaut?

Und ob Jamie drei Jahre auf mich warten würde? Wohl kaum. Wer will schon 'ne Knastbraut?

Aus zwei Stunden 40 wurden gefühlte zwölf Stunden, die ich in durchgesuppter Uniform verbrachte, dass Inge mich schon fragte, ob ich Gelbfieber hätte. Leider konnte ich in dem Zustand über gar nichts mehr lachen.

Nach der Landung in Berlin klammerte ich mich trotzdem an dem Gedanken fest, dass unser Gepäck doch mitgekommen war. Dieser Traum platzte jedoch wie eine Seifenblase. Ich hielt erst mal richtig die Füße still, was ja sonst weniger meine Art ist.

Nachdem man uns versichert hatte, dass uns alles morgen früh nach Hause gebracht würde, stand ich jedoch vor dem nächsten schwerwiegenden Problem. Am Crew Exit wartete der Typ, dem ich die Schmuggelware übergeben sollte. Und bestimmt würde der ganz schön ungemütlich, wenn ich mit leeren Händen vor ihm stand. Und vielleicht nietete er mich dann gleich um, dachte ich panisch. Der glaubte doch bestimmt, ich wollte die Münzen selbst verticken, und nahm mir niemals die Story vom vertauschten Gepäck ab. Der durfte mich auf keinen Fall in die Finger kriegen. Blieb nur eins: über die B-Wabe rauf in den Securitybereich zur Shoppingmeile. Dann nichts wie rein zu Marco Polo und Zivilklamotten plus Sonnenbrille kaufen.

Im hellen Trench plus Ray-Ban auf der Nase, die Uniform in der Einkaufstüte versteckt, ging ich eine halbe Stunde später, so lässig wie nur möglich, den Blick nach vorne durch die Ankunftshalle zum Taxistand.

Das war noch mal gut gegangen.

Als ich erleichtert die Wohnungstüre aufschloss, begrüßte mich schon die Gräfin und war ganz enttäuscht, dass ich ihr keinen Ouzo mitgebracht hatte. Ihre Sorgen wollte ich haben. Ich war nicht mal in der Lage, irgendwas zu erklären, und schob mich nur vorbei in mein Zimmer. Von dort rief ich sofort halb heulend Jamie an und bat ihn, am nächsten Morgen meinen Koffer abzuholen. Mit seinem Vorfeldausweis kam er ja überall rein. Denn wenn die mir den Koffer lieferten und dabei irgendwas schiefging, war ich noch immer nicht raus aus der Nummer.

Vorsichtshalber verrammelte ich sogar die Wohnungstür und legte die altmodische Sicherheitskette vor, was die Gräfin schwer beunruhigte. Sie war ja nicht blöd und wollte sofort wissen, ob ich noch ungebetenen Besuch erwartete.

Ich erzählte ihr etwas von einem nervigen Ex-Lover und verbrachte die unruhigste Nacht meines Lebens. Wie ein Schnitzel panierte ich mich von links nach rechts. Jedes Geräusch im Treppenhaus, jedes Auto, das unten vorbeifuhr, ließ mich in Panik ausbrechen.

Und dann hatte ich auch noch frei am nächsten Tag und wusste nicht, wie ich den lebend überstehen sollte.

Um 17 Uhr kam der erlösende Anruf von Jamie, dass er den Koffer jetzt im Auto habe. Er würde in einer halben Stunde bei mir sein. Mir fiel das ganze Himalaya-Gebirge vom Herzen.

Und als mein »Baum« dann samt Münzkoffer vor mir stand, knutschte ich ihn fast nieder, dass er gar nicht wusste, wie ihm geschah.

Das Ganze endete natürlich in der Kiste. Endlich Entspannung!

Die Münzen habe ich heute noch und sehe sie als meine Altersversorgung. Glücklicherweise ist nie irgendjemand aufgetaucht, der sie zurückwollte. Irgendwann, wenn Gras über die Sache gewachsen ist, werde ich sie mal schätzen lassen.

25
HAPPY END

In meinem Postfach lag ein rosafarbener Umschlag mit zwei sich küssenden Tauben. Die Einladung zur Hochzeit von Leslie und Olaf.

Wie schon der Antrag, sollte nun auch die Trauung auf 10.000 Meter Höhe über den Wolken stattfinden. Gute Idee. So etwas habe ich während meiner gesamten fliegerischen Laufbahn noch nie mitgemacht. Auch wenn das keine Garantie für ewig ist. Doch Fliegerehen halten ja erfahrungsgemäß länger als andere, erstens weil man ähnlich verstrahlt ist, und zweitens, weil man nicht jeden Abend gemeinsam vor der Glotze hängt.

Die Einladung war für zwei, aber leider war Jamie bei seiner Sippe in Jamaika. Allerdings hält der sich, wenn er das Wort »Ehe« nur hört, jedes Mal demonstrativ die Ohren zu. Wir gingen jetzt schon seit zwei Jahren einmal im Monat in den Zoo, doch von gemeinsamem Nestbau war leider bisher noch nie die Rede gewesen. Und ich werde mich auf keinen Fall wie der Hase vor den Jäger werfen.

Immerhin hatte ihm die Gräfin inzwischen Asyl in meinem Lager gewährt. Seit er ihr eine Flasche Jamaika-Rum mitgebracht und einen feucht-fröhlichen Abend auf ihrem Kanapee absolviert hatte, kann er kommen und gehen, wann er will. Jamie geht auch völlig entspannt damit um, wenn sie ihn in Boxershorts in der Küche sieht, ihn heimlich unter der Dusche observiert oder mit ihrem Hörrohr an der Wand steht und auf großen Lauschangriff macht. Vielleicht ist ja alles gut, so wie es ist, und so ein Ehewisch bringt, außer dass man 'ne coole Party feiern kann, sowieso nicht viel.

Leslie und Olaf ließen es wirklich krachen. Sie hatten für einen Rundflug über die Alpen eine 737/ 800er gechartert. Da passen 176 Leute rein, minus ein paar Sitze, die herausgenommen werden, um dann in der Luft ein Buffet aufzubauen.

Ich war ja mal echt gespannt, wer alles kam und was es zu schlucken gab. Vielleicht waren ja auch ein paar attraktive Schnittchen dabei, auch wenn ich mir inzwischen angewöhnt hatte, zu Hause zu essen. Aber die Katze lässt das Mausen eben nicht.

Schon bei der Vergabe der Bordkarten hatten wir riesigen Spaß. Statt Sitzplatznummern waren weibliche und männliche Tiere darauf gemalt. Ich habe natürlich prompt die Sau gezogen und musste mich auf die Suche nach dem Eber machen. Es war ausgerechnet der Vater der Braut, ein Charmeur der alten Schule mit einer Pissgurke von Frau. Die schickte mir auch gleich ein paar giftige Blicke, obwohl ich heute sogar knieumspielt auftrat und auf den Push-up verzichtet hatte. Völlig spaßbefreit, die Olle. Doch den alten Zausel kratzte das wenig.

Schon beim Start machte er einen auf Flugangst und bat mich, seine Hand zu halten. Das wäre ich doch bestimmt gewohnt. Was hatte der denn für Vorstellungen von unserem Beruf? Erst irgendwelche schweißnassen Hände halten und dann Essen verteilen. Na, Mahlzeit.

Kaum in der Luft, servierten Sandy und die Anorektische vom Training im Bunnykostüm Lachs- und Kaviarhäppchen. Diesmal vom KaDeWe und nicht von der LSG. Dazu gabs Roederer Rosé, meine Lieblingsmarke, und schwuppdiwupp hatte ich auch schon drei Gläser intus. Jetzt sah der Alte neben mir schon schicker aus und ich ertrug sogar seine Grapscher auf meinem Knie. Allerdings nicht lange. In so einer engen Reihe mit Fußraum von 32 Inches zu sitzen bin ich ja gar nicht gewohnt. Auf meinem Jumpy kann ich wenigstens meine Tentakel ausstrecken. Ich zwängte mich also an dem Alten vorbei, raus auf den Gang in Richtung Galley. Wie auf jeder Party ist es in der Küche immer am coolsten. Diesmal brannte da jedoch die Luft! Rüdigers Frau, die Exdüse, und Leonie standen sich gegenüber wie bei einem Duell. Fehlte nur noch, dass sie ihre Knarren zogen. Doch Frauen regeln das anders.

Die Pilotenanwärterin hob wie in Zeitlupe ihre Hand mit dem Champagnerglas und schüttete ihrer Erzfeindin den Inhalt ins Gesicht. Ich machte gleich mal einen U-Turn. Die Nummer mit den Piccolos hatte ich doch so nicht stehen lassen können, als ich erfuhr, dass sie Leonie rauskicken wollten. Das hatte sie wirklich nicht verdient. Also habe ich einen anonymen Report geschrieben und der Kleinen den Arsch gerettet. Rüdiger wurde zur Strafe gleich mal zum Paartherapeuten gezerrt, wie man sich hinter vorgehaltener Hand in den Galleys erzählte.

Inzwischen schmetterte aus dem Bordlautsprecher Helene Fischer: »Du bist ein Phänomen, du, manchmal unbequem, aber ich lieb dich so sehr.«

Tolle Tanzmucke für Alt und Jung.

Bevor sich jedoch die Polonaise durch den engen Gang schob, musste schließlich getraut werden. Doch Bruder Johannes, ein mit der Bräutigam-Familie befreundeter Geistlicher, war verschollen.

Der wird doch wohl nicht ausgestiegen sein wegen dem bisschen Schaukelei über den Alpen? Obwohl ich rein privat auf dieser Maschine war, fühlte ich mich verantwortlich, nach ihm zu suchen. Ich konnte nicht anders, irgendwie war ich eben so programmiert.

Schließlich entdeckte ich ihn, froschgrün im Gesicht, auf der Toilette mit Kotzflecken auf der Kutte.

»Oh Gott, oh Gott«, jammerte er nur, und ich konnte mir nicht verkneifen, ihm zu stecken, dass der in so einem Fall auch nicht hilft, obwohl wir ihm hier ein Stückchen näher waren als sonst.

Er lächelte nur gequält, während es ihn schon wieder hob. So könne er doch unmöglich die beiden trauen. Am Schluss kotzte er der Braut noch vor die Füße. Irgendetwas musste geschehen. Die ganze Aktion hier hatte bestimmt ein halbes Vermögen gekostet, da konnte man doch den Höhepunkt nicht ausfallen lassen. Das wäre ja wie ein Interruptus.

Inzwischen hatten auch die beiden Trauzeugen von der Katastrophe erfahren und wankten nach hinten. Ich fasste es nicht! Der Lederlappen und Brad Pitt, mein Ex. Ich erfuhr erst jetzt, dass die einstige Plünnenelse Leslies Tante und Lorenz der Neffe von Olaf war.

Wie früher bei Interflug, dachte ich nur. Alles Inzest.

Wir hielten erst mal Kriegsrat, in der Fliegersprache NITS genannt. Die Anfangsbuchstaben stehen für Folgendes:

N wie Nature / um was geht es
I wie Intention / was kann ich tun
T wie Time available / wie viel Zeit habe ich
S wie Specials / was habe ich zusätzlich zur Verfügung.
Wir arbeiteten die Liste ganz professionell ab.
Nature: Die Trauung muss stattfinden
Intention: Wir brauchen einen Ersatz für den grünen Kermit
Time: Wir haben noch eine Stunde Flugzeit
Specials: Wir haben den Kapitän und der darf die Trauung vornehmen.

Dicki Hoppenstedt alias Andreas, der die Hochzeitskutsche flog, war natürlich alles andere als begeistert, zumal seine eigene Ehe gerade voll gecrasht war. Seine Schnecke hatte wohl endgültig die Schnauze voll von Olgas und Wolgas. Und das riss natürlich jetzt ein riesiges Loch in sein Budget. Die beiden waren immerhin 15 Jahre verheiratet, ohne Ehevertrag.

Tja, die Ansprache von Bruder Johannes auch noch glaubwürdig rüberzubringen, ist ganz sicher nicht einfach für ihn gewesen. Geschah ihm aber ganz recht.

Zu unser aller Erstaunen legte er sich jedoch so ins Zeug, dass wir alle heulen mussten. Sogar ich. Und vor meinem inneren Auge sah ich mich mit Jamie ebenfalls vor dem Traualtar.

Schnell löschte ich diesen Unsinn wieder von meinem inneren Bildschirm und stieß tapfer mit dem inzwischen siebten Glas auf das Glück des Brautpaars an.

Danach sang dann noch Reinhard Mey:

»*Über den Wolken muss die Freiheit wohl grenzenlos sein*
Alle Ängste alle Sorgen, sagt man
blieben darunter verborgen
und dann würde was uns groß und wichtig erscheint
plötzlich nichtig und klein …«

Alles grölte mit, während ich es mir quer über die Reihe 10 gemütlich machte. Unter mir zog die mit Schnee bedeckte Zugspitze vorbei, von der untergehenden Sonne in leuchtendes Orange getaucht. Ich genoss den Anblick mit allen meinen Sinnen und wusste tief in meinem Inneren, dass trotz all des Irrsinns, mit dem ich mich täglich herumschlagen muss, ich noch immer für diesen Job brenne und ihn für nichts auf der Welt eintauschen würde.

EPILOG

Und dann ist es doch noch passiert. Damit hätte ich nie gerechnet. Jamie schenkte mir zum Geburtstag einen Tandem-Fallschirmsprung. Zuerst war ich alles andere als begeistert. Ich springe doch nicht freiwillig aus dem Flugzeug, wenn nicht hinter mir die Mühle brennt. Aber dann entpuppte sich das Ganze als der schönste Augenblick meines Lebens.

Im freien Fall machte mir Jamie einen Heiratsantrag. Und erst als ich »Jaaa« schrie, öffnete er den Schirm und wir schwebten aneinandergeschmiegt hinunter auf die Erde.

RENATE RÖSSEL wurde 1960 im hohen Norden Deutschlands geboren und kam über Umwege nach Berlin, wo sie schließlich als Flugbegleiterin einer kleinen Airline ihren absoluten Traumberuf entdeckte. Mehr als 30 Jahre absolvierte sie Kurz- und Langstreckenflüge, reiste quer durch die Welt und arbeitete im Laufe der Zeit für verschiedene Fluggesellschaften. Seit 2011 fliegt sie nur noch als freiberufliche Flugbegleiterin für private Anbieter.

Renate Rössel
BEI DRUCKVERLUST ÖFFNET SICH
EINE KLAPPE UNTER IHNEN
Eine Flugbegleiterin teilt aus

ISBN 978-3-86265-395-9
© Schwarzkopf & Schwarzkopf Verlag GmbH, Berlin 2015
Coverfotos: © andresrimaging/thinkstock.de, © iSailorr/thinkstock.de

KATALOG
Wir senden Ihnen gern kostenlos unseren Katalog.
Schwarzkopf & Schwarzkopf Verlag GmbH
Kastanienallee 32, 10435 Berlin
Telefon: 030 – 44 33 63 00
Fax: 030 – 44 33 63 044

INTERNET | E-MAIL
www.schwarzkopf-schwarzkopf.de
info@schwarzkopf-schwarzkopf.de